Baudelaire Ubertragungen

Walter Benjamin

Impressum

Autor: Walter Benjamin
Umschlagkonzept: toepferschumann, Berlin

Verlag: tradition GmbH, Hamburg
ISBN: 978-3-8495-2910-9
Printed in Germany

Ziel der TREDITION CLASSICS ist es, tausende deutsch- und
fremdsprachige Klassiker wieder in Buchform verfügbar zu
machen. Die Werke wurden eingescannt und digitalisiert. Dadurch
können etwaige Fehler nicht komplett ausgeschlossen werden.
Unsere Kooperationspartner und wir von tredition versuchen, die
Werke bestmöglich zu bearbeiten. Sollten Sie trotzdem einen Fehler
finden, bitten wir diesen zu entschuldigen. Die Rechtschreibung der
Originalausgabe wurde unverändert übernommen. Daher können
sich hinsichtlich der Schreibweise Widersprüche zu der heutigen
Rechtschreibung ergeben.

Tucholsky Wagner Zola Scott Sydow Freud Schlegel
Turgenev Wallace Fonatne
Twain Walther von der Vogelweide Fouqué Friedrich II. von Preußen
Weber Freiligrath Frey
Fechner Fichte Weiße Rose von Fallersleben Kant Ernst Frommel
Hölderlin Richthofen
Engels Fielding Eichendorff Tacitus Dumas
Fehrs Faber Flaubert
Eliasberg Ebner Eschenbach
Feuerbach Maximilian I. von Habsburg Fock Zweig
Ewald Eliot Vergil
Goethe Elisabeth von Österreich London
Mendelssohn Balzac Shakespeare Dostojewski Ganghofer
Lichtenberg Rathenau
Trackl Stevenson Doyle Gjellerup
Mommsen Tolstoi Hambruch
Thoma Lenz Hanrieder Droste-Hülshoff
Dach Verne von Arnim Hägele Hauff Humboldt
Reuter Rousseau Hagen Hauptmann Gautier
Karrillon Garschin
Defoe Baudelaire
Damaschke Descartes Hebbel
Hegel Kussmaul Herder
Wolfram von Eschenbach Dickens Schopenhauer
Darwin Melville Grimm Jerome Rilke George
Bronner Bebel
Campe Horváth Aristoteles Proust
Bismarck Vigny Barlach Voltaire Federer Herodot
Gengenbach Heine
Storm Casanova Tersteegen Grillparzer Georgy
Lessing Gilm
Chamberlain Langbein Gryphius
Brentano Lafontaine
Strachwitz Claudius Schiller Schilling Kralik Iffland Sokrates
Katharina II. von Rußland Bellamy Raabe Gibbon Tschechow
Gerstäcker
Löns Hesse Hoffmann Gogol Wilde Vulpius
Luther Heym Hofmannsthal Gleim
Klee Hölty Morgenstern
Roth Heyse Klopstock Goedicke
Luxemburg Puschkin Homer Kleist
La Roche Horaz Mörike Musil
Machiavelli
Navarra Aurel Musset Kierkegaard Kraft Kraus
Nestroy Marie de France Lamprecht Kind Kirchhoff Hugo Moltke
Laotse Ipsen Liebknecht
Nietzsche Nansen
Marx Lassalle Gorki Klett Ringelnatz
von Ossietzky Leibniz
May vom Stein Lawrence Irving
Petalozzi Knigge
Platon Pückler Michelangelo Kock Kafka
Sachs Poe Liebermann
de Sade Praetorius Mistral Zetkin Korolenko

Die Aufgabe des Übersetzers

Nirgends erweist sich einem Kunstwerk oder einer Kunstform gegenüber die Rücksicht auf den Aufnehmenden für deren Erkenntnis fruchtbar. Nicht genug, daß jede Beziehung auf ein bestimmtes Publikum oder dessen Repräsentanten vom Wege abführt, ist sogar der Begriff eines ›idealen‹ Aufnehmenden in allen kunsttheoretischen Erörterungen vom Übel, weil diese lediglich gehalten sind, Dasein und Wesen des Menschen überhaupt vorauszusetzen. So setzt auch die Kunst selbst dessen leibliches und geistiges Wesen voraus – seine Aufmerksamkeit aber in keinem ihrer Werke. Denn kein Gedicht gilt dem Leser, kein Bild dem Beschauer, keine Symphonie der Hörerschaft.

Gilt eine Übersetzung den Lesern, die das Original nicht verstehen? Das scheint hinreichend den Rangunterschied im Bereiche der Kunst zwischen beiden zu erklären. Überdies scheint es der einzig mögliche Grund, ›Dasselbe‹ wiederholt zu sagen. Was ›sagt‹ denn eine Dichtung? Was teilt sie mit? Sehr wenig dem, der sie versteht. Ihr Wesentliches ist nicht Mitteilung, nicht Aussage. Dennoch könnte diejenige Übersetzung, welche vermitteln will, nichts vermitteln als die Mitteilung – also Unwesentliches. Das ist denn auch ein Erkennungszeichen der schlechten Übersetzungen. Was aber außer der Mitteilung in einer Dichtung steht – und auch der schlechte Übersetzer gibt zu, daß es das Wesentliche ist – gilt es nicht allgemein als das Unfaßbare, Geheimnisvolle, ›Dichterische‹? Das der Übersetzer nur wiedergeben kann, indem er auch dichtet? Daher rührt in der Tat ein zweites Merkmal der schlechten Übersetzung, welche man demnach als eine ungenaue Übermittlung eines unwesentlichen Inhalts definieren darf. Dabei bleibt es, solange die Übersetzung sich anheischig macht, dem Leser zu dienen. Wäre sie aber für den Leser bestimmt, so müßte es auch das Original sein. Besteht das Original nicht um dessentwillen, wie ließe sich dann die Übersetzung aus dieser Beziehung verstehen? Übersetzung ist eine Form. Sie als solche zu erfassen, gilt es zurückzugehen auf das Original. Denn in ihm liegt deren Gesetz als in dessen Übersetzbarkeit beschlossen. Die Frage nach der Übersetzbarkeit eines Werkes ist doppelsinnig. Sie kann bedeuten: ob es unter der Gesamtheit seiner Leser je seinen zulänglichen Übersetzer finden werde? oder, und eigentlicher: ob es seinem Wesen nach Übersetzung zulasse und demnach – der Bedeutung dieser Form gemäß – auch verlange. Grundsätzlich ist die erste Frage nur problematisch, die zweite apodiktisch zu entscheiden. Nur das oberflächliche Denken wird, indem es den selbständigen Sinn der letzten leugnet, beide für gleichbedeutend erklären. Ihm gegenüber ist darauf hinzuweisen, daß gewisse Relationsbegriffe ihren guten, ja vielleicht besten Sinn behalten, wenn sie nicht von vorne herein ausschließlich auf den Menschen bezogen werden. So dürfte von einem unvergeßlichen Leben oder Augenblick gesprochen werden, auch wenn alle Menschen sie vergessen hätten. Wenn nämlich deren Wesen es forderte, nicht vergessen zu werden, so würde jenes Prädikat nichts Falsches, sondern nur eine Forderung, der Menschen nicht entsprechen, und zugleich auch wohl den Verweis auf einen Bereich enthalten, in dem ihr entsprochen wäre: auf ein Gedenken Gottes. Entsprechend bliebe die Übersetzbarkeit sprachlicher Gebilde auch dann zu erwägen, wenn diese für die Menschen unübersetzbar wären. Und sollten sie das bei einem strengen Begriff von Übersetzung nicht wirklich bis zu einem gewissen Grade sein? – In solcher Loslösung ist die Frage zu stellen, ob Übersetzung bestimmter Sprachgebilde zu fordern sei. Denn es gilt der Satz: Wenn Übersetzung eine Form ist, so muß Übersetzbarkeit gewissen Werken wesentlich sein.

Übersetzbarkeit eignet gewissen Werken wesentlich – das heißt nicht, ihre Übersetzung ist wesentlich für sie selbst, sondern will besagen, daß eine bestimmte Bedeutung, die den Originalen innewohnt, sich in ihrer Übersetzbarkeit äußere. Daß eine Übersetzung niemals, so gut sie auch sei, etwas für das Original zu bedeuten vermag, leuchtet ein. Dennoch steht sie mit diesem kraft seiner Übersetzbarkeit im nächsten Zusammenhang. Ja, dieser Zusammenhang ist um so inniger, als er für das Original selbst nichts mehr bedeutet. Er darf ein natürlicher genannt werden und zwar genauer ein Zusammenhang des Lebens. So wie die Äußerungen des Lebens innigst mit dem Lebendigen zusammenhängen, ohne ihm etwas zu bedeuten, geht die Übersetzung aus dem Original hervor. Zwar nicht aus seinem Leben so sehr denn aus seinem ›Überleben‹. Ist doch die Übersetzung später als das Original und bezeichnet sie doch bei den bedeutenden Werken, die da ihre erwählten Übersetzer niemals im Zeitalter ihrer Entstehung finden, das Stadium ihres

Fortlebens. In völlig unmetaphorischer Sachlichkeit ist der Gedanke vom Leben und Fortleben der Kunstwerke zu erfassen. Daß man nicht der organischen Leiblichkeit allein Leben zusprechen dürfe, ist selbst in Zeiten des befangensten Denkens vermutet worden. Aber nicht darum kann es sich handeln, unter dem schwachen Szepter der Seele dessen Herrschaft auszudehnen, wie es Fechner versuchte; geschweige daß Leben aus den noch weniger maßgeblichen Momenten des Animalischen definiert werden könnte, wie aus Empfindung, die es nur gelegentlich kennzeichnen kann. Vielmehr nur wenn allem demjenigen, wovon es Geschichte gibt und was nicht allein ihr Schauplatz ist, Leben zuerkannt wird, kommt dessen Begriff zu seinem Recht. Denn von der Geschichte, nicht von der Natur aus, geschweige von so schwankender wie Empfindung und Seele, ist zuletzt der Umkreis des Lebens zu bestimmen. Daher entsteht dem Philosophen die Aufgabe, alles natürliche Leben aus dem umfassenderen der Geschichte zu verstehen. Und ist nicht wenigstens das Fortleben der Werke unvergleichlich viel leichter zu erkennen als dasjenige der Geschöpfe? Die Geschichte der großen Kunstwerke kennt ihre Deszendenz aus den Quellen, ihre Gestaltung im Zeitalter des Künstlers und die Periode ihres grundsätzlich ewigen Fortlebens bei den nachfolgenden Generationen. Dieses letzte heißt, wo es zutage tritt, Ruhm. Übersetzungen, die mehr als Vermittlungen sind, entstehen, wenn im Fortleben ein Werk das Zeitalter seines Ruhmes erreicht hat. Sie dienen daher nicht sowohl diesem, wie schlechte Übersetzer es für ihre Arbeit zu beanspruchen pflegen, als daß sie ihm ihr Dasein verdanken. In ihnen erreicht das Leben des Originals seine stets erneute späteste und umfassendste Entfaltung.

Diese Entfaltung ist als die eines eigentümlichen und hohen Lebens durch eine eigentümliche und hohe Zweckmäßigkeit bestimmt. Leben und Zweckmäßigkeit – ihr scheinbar handgreiflicher und doch fast der Erkenntnis sich entziehender Zusammenhang erschließt sich nur, wo jener Zweck, auf den alle einzelnen Zweckmäßigkeiten des Lebens hinwirken, nicht wiederum in dessen eigener Sphäre, sondern in einer höheren gesucht wird. Alle zweckmäßigen Lebenserscheinungen wie ihre Zweckmäßigkeit überhaupt sind letzten Endes zweckmäßig nicht für das Leben, sondern für den Ausdruck seines Wesens, für die Darstellung seiner Bedeutung.

So ist die Übersetzung zuletzt zweckmäßig für den Ausdruck des innersten Verhältnisses der Sprachen zueinander. Sie kann dieses verborgene Verhältnis selbst unmöglich offenbaren, unmöglich herstellen; aber darstellen, indem sie es keimhaft oder intensiv verwirklicht, kann sie es. Und zwar ist diese Darstellung eines Bedeuteten durch den Versuch, den Keim seiner Herstellung ein ganz eigentümlicher Darstellungsmodus, wie er im Bereich des nicht sprachlichen Lebens kaum angetroffen werden mag. Denn dieses kennt in Analogien und Zeichen andere Typen der Hindeutung, als die intensive, d.h. vorgreifende, andeutende Verwirklichung. – Jenes gedachte, innerste Verhältnis der Sprachen ist aber das einer eigentümlichen Konvergenz. Es besteht darin, daß die Sprachen einander nicht fremd, sondern a priori und von allen historischen Beziehungen abgesehen einander in dem verwandt sind, was sie sagen wollen.

Mit diesem Erklärungsversuch scheint allerdings die Betrachtung auf vergeblichen Umwegen wieder in die herkömmliche Theorie der Übersetzung einzumünden. Wenn in den Übersetzungen die Verwandtschaft der Sprachen sich zu bewähren hat, wie könnte sie das anders als indem jene Form und Sinn des Originals möglichst genau übermitteln? Über den Begriff dieser Genauigkeit wüßte sich jene Theorie freilich nicht zu fassen, könnte also zuletzt doch keine Rechenschaft von dem geben, was an Übersetzungen wesentlich ist. In Wahrheit aber bezeugt sich die Verwandtschaft der Sprachen in einer Übersetzung weit tiefer und bestimmter als in der oberflächlichen und undefinierbaren Ähnlichkeit zweier Dichtungen. Um das echte Verhältnis zwischen Original und Übersetzung zu erfassen, ist eine Erwägung anzustellen, deren Absicht durchaus den Gedankengängen analog ist, in denen die Erkenntniskritik die Unmöglichkeit einer Abbildtheorie zu erweisen hat. Wird dort gezeigt, daß es in der Erkenntnis keine Objektivität und sogar nicht einmal den Anspruch darauf geben könnte, wenn sie in Abbildern des Wirklichen bestünde, so ist hier erweisbar, daß keine Übersetzung möglich wäre, wenn sie Ähnlichkeit mit dem Original ihrem letzten Wesen nach anstreben würde. Denn in seinem Fortleben, das so nicht heißen dürfte, wenn es nicht Wandlung und Erneuerung des Lebendigen wäre, ändert sich das Original. Es gibt eine Nachreife auch der festgelegten Worte. Was zur Zeit eines Autors Tendenz seiner dichterischen Sprache gewesen sein mag, kann später erledigt sein, immanente Tendenzen vermögen neu aus dem Geformten sich zu erheben. Was damals jung, kann später abgebraucht, was damals gebräuchlich, später archaisch klingen. Das Wesentliche solcher Wandlungen wie auch der ebenso ständigen des Sinnes in der Subjektivität der Nachgeborenen statt im eigensten Leben der Sprache und ihrer Werke zu suchen, hieße – zugestanden selbst den krudesten Psychologismus – Grund und Wesen einer Sache verwechseln, strenger gesagt aber, einen der gewaltigsten und fruchtbarsten historischen Prozesse aus Unkraft des Denkens leugnen. Und wollte man auch des Autors letzten Federstrich zum Gnadenstoß des Werkes machen, es würde jene tote Theorie der Übersetzung doch nicht retten. Denn wie Ton und Bedeutung der großen Dichtungen mit den Jahrhunderten sich völlig wandeln, so wandelt sich auch die Muttersprache des Übersetzers. Ja, während das Dichterwort in der seinigen überdauert, ist auch die größte Übersetzung bestimmt in das Wachstum ihrer Sprache ein-, in der erneuten unterzugehen. So weit ist sie entfernt, von zwei erstorbenen Sprachen die taube Gleichung zu sein, daß gerade unter allen Formen ihr als Eigenstes es zufällt, auf jene Nachreife des fremden Wortes, auf die Wehen des eigenen zu merken.

Wenn in der Übersetzung die Verwandtschaft der Sprachen sich bekundet, so geschieht es anders als durch die vage Ähnlichkeit von Nachbildung und Original. Wie es denn überhaupt einleuchtet, daß Ähnlichkeit nicht notwendig bei Verwandtschaft sich einfinden muß. Und auch insofern ist der Begriff der letzten in diesem Zusammenhang mit seinem engern Gebrauch einstimmig, als er durch Gleichheit der Abstammung in beiden Fällen nicht ausreichend definiert werden kann, wiewohl freilich für die Bestimmung jenes engern Gebrauchs der Abstammungsbegriff unentbehrlich bleiben wird. – Worin kann die Verwandtschaft zweier Sprachen, abgesehen von einer historischen, gesucht werden? In der Ähnlichkeit von Dichtungen jedenfalls ebensowenig wie in derjenigen ihrer Worte. Vielmehr beruht alle überhistorische Verwandtschaft der Sprachen darin, daß in ihrer jeder als ganzer jeweils eines und zwar dasselbe gemeint ist, das dennoch keiner einzelnen von ihnen, sondern nur der Allheit ihrer einander ergänzenden Intentionen erreichbar ist: die reine Sprache. Während nämlich alle einzelnen Elemente, die

Wörter, Sätze, Zusammenhänge von fremden Sprachen sich ausschließen, ergänzen diese Sprachen sich in ihren Intentionen selbst. Dieses Gesetz, eines der grundlegenden der Sprachphilosophie, genau zu fassen, ist in der Intention vom Gemeinten die Art des Meinens zu unterscheiden. In »Brot« und »pain« ist das Gemeinte zwar dasselbe, die Art, es zu meinen, dagegen nicht. In der Art des Meinens nämlich liegt es, daß beide Worte dem Deutschen und Franzosen je etwas Verschiedenes bedeuten, daß sie für beide nicht vertauschbar sind, ja sich letzten Endes auszuschließen streben; am Gemeinten aber, daß sie, absolut genommen, das Selbe und Identische bedeuten. Während dergestalt die Art des Meinens in diesen beiden Wörtern einander widerstrebt, ergänzt sie sich in den beiden Sprachen, denen sie entstammen. Und zwar ergänzt sich in ihnen die Art des Meinens zum Gemeinten. Bei den einzelnen, den unergänzten Sprachen nämlich ist ihr Gemeintes niemals in relativer Selbständigkeit anzutreffen, wie bei den einzelnen Wörtern oder Sätzen, sondern vielmehr in stetem Wandel begriffen, bis es aus der Harmonie all jener Arten des Meinens als die reine Sprache herauszutreten vermag. So lange bleibt es in den Sprachen verborgen. Wenn aber diese derart bis ans messianische Ende ihrer Geschichte wachsen, so ist es die Übersetzung, welche am ewigen Fortleben der Werke und am unendlichen Aufleben der Sprachen sich entzündet, immer von neuem die Probe auf jenes heilige Wachstum der Sprachen zu machen: wie weit ihr Verborgenes von der Offenbarung entfernt sei, wie gegenwärtig es im Wissen um diese Entfernung werden mag.

Damit ist allerdings zugestanden, daß alle Übersetzung nur eine irgendwie vorläufige Art ist, sich mit der Fremdheit der Sprachen auseinanderzusetzen. Eine andere als zeitliche und vorläufige Lösung dieser Fremdheit, eine augenblickliche und endgültige, bleibt den Menschen versagt oder ist jedenfalls unmittelbar nicht anzustreben. Mittelbar aber ist es das Wachstum der Religionen, welches in den Sprachen den verhüllten Samen einer höhern reift. Übersetzung also, wiewohl sie auf Dauer ihrer Gebilde nicht Anspruch erheben kann und hierin unähnlich der Kunst, verleugnet nicht ihre Richtung auf ein letztes, endgültiges und entscheidendes Stadium aller Sprachfügung. In ihr wächst das Original in einen gleichsam höheren und reineren Luftkreis der Sprache hinauf, in welchem es freilich nicht auf die Dauer zu leben vermag, wie es ihn auch bei weitem nicht in allen Teilen seiner Gestalt erreicht, auf den es aber dennoch in einer wunderbar eindringlichen Weise wenigstens hindeutet als auf den vorbestimmten, versagten Versöhnungs- und Erfüllungsbereich der Sprachen. Den erreicht es nicht mit Stumpf und Stiel, aber in ihm steht dasjenige, was an einer Übersetzung mehr ist als Mitteilung. Genauer läßt sich dieser wesenhafte Kern als dasjenige bestimmen, was an ihr selbst nicht wiederum übersetzbar ist. Mag man nämlich an Mitteilung aus ihr entnehmen, soviel man kann und dies übersetzen, so bleibt dennoch dasjenige unberührbar zurück, worauf die Arbeit des wahren Übersetzers sich richtete. Es ist nicht übertragbar wie das Dichterwort des Originals, weil das Verhältnis des Gehalts zur Sprache völlig verschieden ist in Original und Übersetzung. Bilden nämlich diese im ersten eine gewisse Einheit wie Frucht und Schale, so umgibt die Sprache der Übersetzung ihren Gehalt wie ein Königsmantel in weiten Falten. Denn sie bedeutet eine höhere Sprache als sie ist und bleibt dadurch ihrem eigenen Gehalt gegenüber unangemessen, gewaltig und fremd. Diese Gebrochenheit verhindert jede Übertragung, wie sie sie zugleich erübrigt. Denn jede Übersetzung eines Werkes aus einem bestimmten Zeitpunkt der Sprachgeschichte repräsentiert hinsichtlich einer bestimmten Seite seines Gehaltes diejenigen in allen übrigen Sprachen. Übersetzung verpflanzt also das Original in einen wenigstens insofern – ironisch – endgültigeren Sprachbereich, als es aus diesem durch keinerlei Übertragung mehr zu versetzen ist, sondern in ihn nur immer von neuem und an andern Teilen erhoben zu werden vermag. Nicht umsonst mag hier das Wort ›ironisch‹ an Gedankengänge der Romantiker erinnern. Diese haben vor andern Einsicht in das Leben der Werke besessen, von welchem die Übersetzung eine höchste Bezeugung ist. Freilich haben sie diese als solche kaum erkannt, vielmehr ihre ganze Aufmerksamkeit der Kritik zugewendet, die ebenfalls ein wenn auch geringeres Moment im Fortleben der Werke darstellt. Doch wenn auch ihre Theorie auf Übersetzung kaum sich richten mochte, so ging doch ihr großes Übersetzungswerk selbst mit einem Gefühl von dem Wesen und der Würde dieser Form zusammen. Dieses Gefühl – darauf deutet alles hin – braucht nicht notwendig im Dichter am stärksten zu sein; ja es hat in ihm als Dichter vielleicht am wenigsten Raum. Nicht einmal die Geschichte legt das konventionelle

Vorurteil nahe, demzufolge die bedeutenden Übersetzer Dichter und unbedeutende Dichter geringe Übersetzer wären. Eine Reihe der größeren wie Luther, Voß, Schlegel sind als Übersetzer ungleich bedeutender denn als Dichter, andere unter den größten, wie Hölderlin und George, nach dem ganzen Umfang ihres Schaffens unter dem Begriff des Dichters allein nicht zu fassen. Zumal nicht als Übersetzer. Wie nämlich die Übersetzung eine eigene Form ist, so läßt sich auch die Aufgabe des Übersetzers als eine eigene fassen und genau von der des Dichters unterscheiden.

Sie besteht darin, diejenige Intention auf die Sprache, in die übersetzt wird, zu finden, von der aus in ihr das Echo des Originals erweckt wird. Hierin liegt ein vom Dichtwerk durchaus unterscheidender Zug der Übersetzung, weil dessen Intention niemals auf die Sprache als solche, ihre Totalität, geht, sondern allein unmittelbar auf bestimmte sprachliche Gehaltszusammenhänge. Die Übersetzung aber sieht sich nicht wie die Dichtung gleichsam im innern Bergwald der Sprache selbst, sondern außerhalb desselben, ihm gegenüber und ohne ihn zu betreten ruft sie das Original hinein, an demjenigen einzigen Orte hinein, wo jeweils das Echo in der eigenen den Widerhall eines Werkes der fremden Sprache zu geben vermag. Ihre Intention geht nicht allein auf etwas anderes als die der Dichtung, nämlich auf eine Sprache im ganzen von einem einzelnen Kunstwerk in einer fremden aus, sondern sie ist auch selbst eine andere: die des Dichters ist naive, erste, anschauliche, die des Übersetzers abgeleitete, letzte, ideenhafte Intention. Denn das große Motiv einer Integration der vielen Sprachen zur einen wahren erfüllt seine Arbeit. Dies ist aber jene, in welcher zwar die einzelnen Sätze, Dichtungen, Urteile sich nie verständigen – wie sie denn auch auf Übersetzung angewiesen bleiben –, in welcher jedoch die Sprachen selbst miteinander, ergänzt und versöhnt in der Art ihres Meinens, übereinkommen. Wenn anders es aber eine Sprache der Wahrheit gibt, in welcher die letzten Geheimnisse, um die alles Denken sich müht, spannungslos und selbst schweigend aufbewahrt sind, so ist diese Sprache der Wahrheit – die wahre Sprache. Und eben diese, in deren Ahnung und Beschreibung die einzige Vollkommenheit liegt, welche der Philosoph sich erhoffen kann, sie ist intensiv in den Übersetzungen verborgen. Es gibt keine Muse der Philosophie, es gibt auch keine Muse der Übersetzung. Banausisch aber, wie sentimentale Artisten sie wissen wollen, sind sie nicht. Denn es gibt ein philosophisches Ingenium, dessen eigenstes die Sehnsucht nach jener Sprache ist, welche in der Übersetzung sich bekundet. »Les langues imparfaites en cela que plusieurs, manque la suprême: penser étant écrire sans accessoires, ni chuchotement mais tacite encore l'immortelle parole, la diversité, sur terre, des idiomes empêche personne de proférer les mots qui, sinon se trouveraient, par une frappe unique, elle-même matériellement la vérité.« Wenn, was in diesen Worten Mallarmé gedenkt, dem Philosophen streng ermeßbar ist, so steht mit ihren Keimen solcher Sprache die Übersetzung mitten zwischen Dichtung und der Lehre. Ihr Werk steht an Ausprägung diesen nach, doch es prägt sich nicht weniger tief ein in die Geschichte.

Erscheint die Aufgabe des Übersetzers in solchem Licht, so drohen die Wege ihrer Lösung sich um so undurchdringlicher zu verfinstern. Ja, diese Aufgabe: in der Übersetzung den Samen reiner Sprache zur Reife zu bringen, scheint niemals lösbar, in keiner Lösung bestimmbar. Denn wird einer solchen nicht der Boden entzogen, wenn die Wiedergabe des Sinnes aufhört, maßgebend zu sein? Und nichts anderes ist ja – negativ gewendet – die Meinung alles Vorstehenden. Treue und Freiheit – Freiheit der sinngemäßen Wiedergabe und in ihrem Dienst Treue gegen das Wort – sind die althergebrachten Begriffe in jeder Diskussion von Übersetzungen. Einer Theorie, die anderes in der Übersetzung sucht als Sinnwiedergabe, scheinen sie nicht mehr dienen zu können. Zwar sieht ihre herkömmliche Verwendung diese Begriffe stets in einem unauflöslichen Zwiespalt. Denn was kann gerade die Treue für die Wiedergabe des Sinnes eigentlich leisten? Treue in der Übersetzung des einzelnen Wortes kann fast nie den Sinn voll wiedergeben, den es im Original hat. Denn dieser erschöpft sich nach seiner dichterischen Bedeutung fürs Original nicht in dem Gemeinten, sondern gewinnt diese gerade dadurch, wie das Gemeinte an die Art des Meinens in dem bestimmten Worte gebunden ist. Man pflegt dies in der Formel auszudrücken, daß die Worte einen Gefühlston mit sich führen. Gar die Wörtlichkeit hinsichtlich der Syntax wirft jede Sinneswiedergabe vollends über den Haufen und droht geradenwegs ins Unverständliche zu führen. Dem neunzehnten Jahrhundert standen Hölderlins Sophokles-Übersetzungen als monströse Beispiele solcher Wörtlichkeit vor Augen. Wie sehr endlich Treue in der Wiedergabe der Form die des Sinnes erschwert, versteht sich von selbst. Demgemäß ist die Forderung der Wörtlichkeit unableitbar aus dem Interesse der Erhaltung des Sinnes. Dieser dient weit mehr – freilich der Dichtung und Sprache weit weniger – die zuchtlose Freiheit schlechter Übersetzer. Notwendigerweise muß also jene Forderung, deren Recht auf der Hand, deren Grund sehr verborgen liegt, aus triftigeren Zusammenhängen verstanden werden. Wie nämlich Scherben eines Gefäßes, um sich zusammenfügen zu lassen, in den kleinsten Einzelheiten einander zu folgen, doch nicht so zu gleichen haben, so muß, anstatt dem Sinn des Originals sich ähnlich zu machen, die Übersetzung liebend vielmehr und bis ins Einzelne hinein dessen Art des Meinens in der eigenen Sprache sich anbilden, um so beide wie Scherben als Bruchstück eines Gefäßes, als Bruchstück einer größeren Sprache erkennbar zu machen. Eben darum muß sie von der Absicht, etwas mitzuteilen, vom Sinn in sehr hohem Maße absehen und das Original ist ihr in diesem nur insofern wesentlich, als es der Mühe und Ordnung des Mitzuteilenden den Übersetzer und sein Werk schon enthoben hat. Auch im Bereiche der Übersetzung gilt: ἐν ἀρχῇ ἦν ὁ λόγος, im Anfang war das Wort. Dagegen kann, ja muß dem Sinn gegenüber ihre Sprache sich gehen lassen, um nicht dessen intentio als Wiedergabe, sondern als Harmonie, als Ergänzung zur Sprache, in der diese sich mitteilt, ihre eigene Art der intentio ertönen zu lassen. Es ist daher, vor allem im Zeitalter ihrer Entstehung, das höchste Lob einer Übersetzung nicht, sich wie ein Original ihrer Sprache zu lesen. Vielmehr ist eben das die Bedeutung der Treue, welche durch Wörtlichkeit verbürgt wird, daß die große Sehnsucht nach Sprachergänzung aus dem Werke spreche. Die wahre Übersetzung ist durchscheinend, sie verdeckt nicht das Original, steht ihm nicht im Licht, sondern läßt die reine Sprache, wie verstärkt durch ihr eigenes Medium, nur um so voller aufs Original fallen. Das vermag vor allem Wörtlichkeit in der Übertragung der Syntax und gerade sie erweist das Wort, nicht den Satz als das Urelement des Übersetzers. Denn der Satz ist die Mauer vor der Sprache des Originals, Wörtlichkeit die Arkade.

Wenn Treue und Freiheit der Übersetzung seit jeher als widerstrebende Tendenzen betrachtet wurden, so scheint auch diese tiefere Deutung der einen beide nicht zu versöhnen, sondern im Gegenteil alles Recht der andern abzusprechen. Denn worauf bezieht Freiheit sich, wenn nicht auf die Wiedergabe des Sinnes, die aufhören soll, gesetzgebend zu heißen? Allein wenn der Sinn eines Sprachgebildes identisch gesetzt werden darf mit dem seiner Mitteilung, so bleibt ihm ganz nah und doch unendlich fern, unter ihm verborgen oder deutlicher, durch ihn gebrochen oder machtvoller über alle Mitteilung hinaus ein Letztes, Entscheidendes. Es bleibt in aller Sprache und ihren Gebilden außer dem Mitteilbaren ein Nicht-Mitteilbares, ein, je nach dem Zusammenhang, in dem es angetroffen wird, Symbolisierendes oder Symbolisiertes. Symbolisierendes nur, in den endlichen Gebilden der Sprachen; Symbolisiertes aber im Werden der Sprachen selbst. Und was im Werden der Sprachen sich darzustellen, ja herzustellen sucht, das ist jener Kern der reinen Sprache selbst. Wenn aber dieser, ob verborgen und fragmentarisch, dennoch gegenwärtig im Leben als das Symbolisierte selbst ist, so wohnt er nur symbolisierend in den Gebilden. Ist jene letzte Wesenheit, die da die reine Sprache selbst ist, in den Sprachen nur an Sprachliches und dessen Wandlungen gebunden, so ist sie in den Gebilden behaftet mit dem schweren und fremden Sinn. Von diesem sie zu entbinden, das Symbolisierende zum Symbolisierten selbst zu machen, die reine Sprache gestaltet der Sprachbewegung zurückzugewinnen, ist das gewaltige und einzige Vermögen der Übersetzung. In dieser reinen Sprache, die nichts mehr meint und nichts mehr ausdrückt, sondern als ausdrucksloses und schöpferisches Wort das in allen Sprachen Gemeinte ist, trifft endlich alle Mitteilung, aller Sinn und alle Intention auf eine Schicht, in der sie zu erlöschen bestimmt sind. Und eben aus ihr bestätigt sich die Freiheit der Übersetzung zu einem neuen und höhern Rechte. Nicht aus dem Sinn der Mitteilung, von welchem zu emanzipieren gerade die Aufgabe der Treue ist, hat sie ihren Bestand. Freiheit vielmehr bewährt sich um der reinen Sprache willen an der eigenen. Jene reine Sprache, die in fremde gebannt ist, in der eigenen zu erlösen, die im Werk gefangene in der Umdichtung zu befreien, ist die Aufgabe des Übersetzers. Um ihretwillen bricht er morsche Schranken der eigenen Sprache: Luther, Voß, Hölderlin, George haben die Grenzen des Deutschen erweitert. – Was hiernach für das Verhältnis von Übersetzung und Original an Bedeutung dem Sinn verbleibt, läßt sich in einem Vergleich fassen. Wie die Tangente den Kreis flüchtig und nur in einem Punkte berührt und wie ihr wohl diese

Berührung, nicht aber der Punkt, das Gesetz vorschreibt, nach dem sie weiter ins Unendliche ihre gerade Bahn zieht, so berührt die Übersetzung flüchtig und nur in dem unendlich kleinen Punkte des Sinnes das Original, um nach dem Gesetze der Treue in der Freiheit der Sprachbewegung ihre eigenste Bahn zu verfolgen. Die wahre Bedeutung dieser Freiheit hat, ohne sie doch zu nennen noch zu begründen, Rudolf Pannwitz in Ausführungen gekennzeichnet, die sich in der »krisis der europäischen kultur« finden und die neben Goethes Sätzen in den Noten zum »Divan« leicht das Beste sein dürften, was in Deutschland zur Theorie der Übersetzung veröffentlicht wurde. Dort heißt es: »unsre Übertragungen auch die besten gehn von einem falschen grundsatz aus sie wollen das indische griechische englische verdeutschen anstatt das deutsche zu verindischen vergriechischen verenglischen, sie haben eine viel bedeutendere ehrfurcht vor den eigenen Sprachgebräuchen als vor dem geiste des fremden werks ... der grundsätzliche irrtum des übertragenden ist dass er den zufälligen stand der eignen sprache festhält anstatt sie durch die fremde sprache gewaltig bewegen zu lassen, er muss zumal wenn er aus einer sehr fernen sprache überträgt auf die letzten elemente der sprache selbst wo wort bild ton in eins geht zurück dringen er muss seine sprache durch die fremde erweitern und vertiefen man hat keinen begriff in welchem masze das möglich ist bis zu welchem grade jede sprache sich verwandeln kann sprache von sprache fast nur wie mundart von mundart sich unterscheidet dieses aber nicht wenn man sie allzu leicht sondern gerade wenn man sie schwer genug nimmt.«

Wie weit eine Übersetzung dem Wesen dieser Form zu entsprechen vermag, wird objektiv durch die Übersetzbarkeit des Originals bestimmt. Je weniger Wert und Würde seine Sprache hat, je mehr es Mitteilung ist, desto weniger ist für die Übersetzung dabei zu gewinnen, bis das völlige Übergewicht jenes Sinnes, weit entfernt, der Hebel einer formvollen Übersetzung zu sein, diese vereitelt. Je höher ein Werk geartet ist, desto mehr bleibt es selbst in flüchtigster Berührung seines Sinnes noch übersetzbar. Dies gilt selbstverständlich nur von Originalen. Übersetzungen dagegen erweisen sich unübersetzbar nicht wegen der Schwere, sondern wegen der allzu großen Flüchtigkeit, mit welcher der Sinn an ihnen haftet. Hierfür wie in jeder andern wesentlichen Hinsicht stellen sich Hölderlins

Übertragungen, besonders die der beiden Sophokleischen Tragödien, bestätigend dar. In ihnen ist die Harmonie der Sprachen so tief, daß der Sinn nur noch wie eine Äolsharfe vom Winde von der Sprache berührt wird. Hölderlins Übersetzungen sind Urbilder ihrer Form; sie verhalten sich auch zu den vollkommensten Übertragungen ihrer Texte als das Urbild zum Vorbild, wie es der Vergleich der Hölderlinschen und Borchardtschen Übersetzung der dritten pythischen Ode von Pindar zeigt. Eben darum wohnt in ihnen vor andern die ungeheure und ursprüngliche Gefahr aller Übersetzung: daß die Tore einer so erweiterten und durchwalteten Sprache zufallen und den Übersetzer ins Schweigen schließen. Die Sophokles-Übersetzungen waren Hölderlins letztes Werk. In ihnen stürzt der Sinn von Abgrund zu Abgrund, bis er droht in bodenlosen Sprachtiefen sich zu verlieren. Aber es gibt ein Halten. Es gewährt es jedoch kein Text außer dem heiligen, in dem der Sinn aufgehört hat, die Wasserscheide für die strömende Sprache und die strömende Offenbarung zu sein. Wo der Text unmittelbar, ohne vermittelnden Sinn, in seiner Wörtlichkeit der wahren Sprache, der Wahrheit oder der Lehre angehört, ist er übersetzbar schlechthin. Nicht mehr freilich um seinet-, sondern allein um der Sprachen willen. Ihm gegenüber ist so grenzenloses Vertrauen von der Übersetzung gefordert, daß spannungslos wie in jenem Sprache und Offenbarung so in dieser Wörtlichkeit und Freiheit in Gestalt der Interlinearversion sich vereinigen müssen. Denn in irgendeinem Grade enthalten alle großen Schriften, im höchsten aber die heiligen, zwischen den Zeilen ihre virtuelle Übersetzung. Die Interlinearversion des heiligen Textes ist das Urbild oder Ideal aller Übersetzung.

Tableaux parisiens

Paysage

Je veux, pour composer chaste-
ment mes églogues,
Coucher auprès du ciel, comme
les astrologues,
Et, voisin des clochers, écouter
en rêvant
Leurs hymnes solennels em-
portés par le vent.
Les deux mains au menton, du
haut de ma mansarde,
Je verrai l'atelier qui chante et
qui bavarde;
Les tuyaux, les clochers, ces
mâts de la cité,
Et les grands ciels qui font rêver
d'éternité.

Il est doux, à travers les brumes,
de voir naître
L'étoile dans l'azur, la lampe à la
fenêtre,
Les fleuves de charbon monter
au firmament
Et la lune verser son pâle
enchantement.
Je verrai les printemps, les étés,
les automnes;
Et quand viendra l'hiver aux
neiges monotones,
Je fermerai partout portières et
volets

Landschaft

Ich will um meinen Strophen-
bau zu läutern
Dicht unterm Himmel ruhn
gleich Sternedeutern
Daß meine Türme ans ver-
träumte Ohr
Mit dem Winde mir senden den
Glockenchor.
Dann werd ich vom Sims mei-
ner luftigen Kammer
Überm Werkvolk wie's schwät-
zet und singet beim Hammer
Auf Turm und Schlot, die Mas-
ten von Paris
Und die Himmel hinaussehn,
mein Traumparadies.

Wie schön ist das Erglühn aus
Nebelschwaden
Des Sterns im späten Blau, des
Lichts in den Fassaden
Der Kohlenströme Flößen übers
Firmament
Und wie das Land im Mondlicht
fahl entbrennt.
Mir wird der Lenz der Sommer
und das Spätjahr hier sich zei-
gen
Doch vor dem weißen winterli-
chen Reigen
Zieh ich den Vorhang zu und

Pour bâtir dans la nuit mes fée-
riques palais.
Alors je rêverai des horizons
bleuâtres,
Des jardins, des jets d'eau pleur-
ant dans les albâtres,
Des baisers, des oiseaux chan-
tant soir et matin,
Et tout ce que l'Idylle a de plus
enfantin.
L'Émeute, tempêtant vainement
à ma vitre,
Ne fera pas lever mon front de
mon pupitre;
Car je serai plongé dans cette
volupté
D'évoquer le Printemps avec ma
volonté,
De tirer un soleil de mon cœur,
et de faire
De mes pensers brûlants une
tiède atmosphère.

schließe den Verschlag
Und baue in der Nacht an mei-
nem Feenhag.
Dann werden blaue Horizonte
sich erschließen
Und weinend im Boskett Fontä-
nen überfließen
Dann wird in Küssen und im
Vogellied
Der Geist der Kindheit sein der
durch Idyllen zieht.
Mag gegen's Fensterglas sich ein
Orkan verschwenden
Ich werde nicht die Stirn von
meinem Pulte wenden;
Denn höchst gebannt in meine
Leidenschaft
Ruf ich den Lenz herauf aus
eigner Kraft
Und kann mein Herz zu Strah-
len werden sehen
Und meines Denkens Glut zu
lindem Wehen.

Le Soleil

Le long du vieux faubourg, où
pendent aux masures
Les persiennes, abri des secrètes
luxures,
Quand le soleil cruel frappe à
traits redoublés
Sur la ville et les champs, sur les
toits et les blés,
Je vais m'exercer seul à ma fan-

Die Sonne

Durch das Faubourg wo an den
alternden Gebäuden
Marquisen hängen, Obdach von
geheimen Freuden
Wird, wenn die Sonne mit ver-
doppelter Gewalt
Stadt trifft und Felder, Saaten
und Asphalt
Wegab ein seltsames Gefecht

tasque escrime,
Flairant dans tous les coins les
hasards de la rime,
Trébuchant sur les mots comme
sur les pavés,
Heurtant parfois des vers de-
puis longtemps rêvés.

Ce père nourricier, ennemi des
chloroses,
Éveille dans les champs les vers
comme les roses;
Il fait s'évaporer les soucis vers
le ciel,
Et remplit les cerveaux et les
ruches de miel.
C'est lui qui rajeunit les porteurs
de béquilles
Et les rend gais et doux comme
des jeunes filles,
Et commande aux moissons de
croître et de mûrir
Dans le cœur immortel qui tou-
jours veut fleurir!

Quand, ainsi qu'un poëte, il
descend dans les villes,
Il ennoblit le sort des choses les
plus viles,
Et s'introduit en roi, sans bruit et
sans valets,
Dans tous les hôpitaux et dans
tous les palais.

mich führen:
Reimbeute in den Winkeln auf-
zuspüren
Am Wort als wär's ein Pflaster
aufzuprallen
Und über längst geträumte Zei-
len fast zu fallen.

Der Strahl ernährt, die Bleich-
sucht macht er enden
Verse und Rosen weckt er in
Geländen
Den Sorgendunst läßt er zum
Himmel fahn
Und häuft in Hirn und Waben
Honig an.
An ihm verjüngen sich die Inva-
liden
Als sei den Alten Mädchenglück
beschieden
Im Herzen reift die Frucht auf
sein Geheiß
Im ewigen, das sich nur Blüten
weiß.

Wendet er sich so wie ein Dich-
ter in die Städte
So adelt er das Los der nieders-
ten Geräte
Lautlos erfüllt, ein König ohne
Troß
Er jedes Hospital und jedes
Fürstenschloß.

La Lune offensée

O Lune qu'adoraient discrète-
ment nos pères,
Du haut des pays bleus où, ra-
dieux sérail,
Les astres vont te suivre en
pimpant attirail,
Ma vieille Cynthia, lampe de
nos repaires,

Vois-tu les amoureux, sur leurs
grabats prospères,
De leur bouche en dormant
montrer le frais émail?
Le poëte buter du front sur son
travail?
Ou sous les gazons secs s'ac-
coupler les vipères?

Sous ton domino jaune, et d'un
pied clandestin,
Vas-tu, comme jadis, du soir
jusqu'au matin,
Baiser d'Endymion les grâces
surannées?

»– Je vois ta mère, enfant de ce
siècle appauvri,
Qui vers son miroir penche un
lourd amas d'années,
Et plâtre artistement le sein qui
t'a nourri!«

Die Kränkung der Luna

O Luna deren Dienst nun Tote
wahren
Kannst du von droben wo bei
steifen Feiern
Die Sterne mit dir ziehn in
Strahlenschleiern
Betagte du mit der wir munter
waren

Auf ihrer Streu die Liebenden
gewahren
Wenn schlummernd sie den
reinen Mund entschleiern
Und wie des Dichters Haupt
von Mühen bleiern
Und wie im trocknen Gras sich
Vipern paaren?

Bliebst du in deinem gelben
Domino
Endymions verbuhlter Anmut
froh
Bei der du dich bis in den Tag
verpaßt?

– »Jüngst wies als deine Mutter
ich bestrahlte
Ihr Spiegel wie sie die bejahrte
Last
Des Busens der dich nährte
sorgsam malte.«

Le Cygne

A Victor Hugo

I

Andromaque, je pense à vous!
Ce petit fleuve,
Pauvre et triste miroir où jadis
resplendit
L'immense majesté de vos dou-
leurs de veuve,
Ce Simoïs menteur qui par vos
pleurs grandit,

A fécondé soudain ma mémoire
fertile,
Comme je traversais le nouveau
Carrousel.
Le vieux Paris n'est plus (la
forme d'une ville
Change plus vite, hélas! que le
cœur d'un mortel);

Je ne vois qu'en esprit tout ce
camp de baraques,
Ces tas de chapiteaux ébauchés
et de fûts,
Les herbes, les gros blocs verdis
par l'eau des flaques,
Et, brillant aux carreaux, le bric-
à-brac confus.

Là s'étalait jadis une ménagerie;

Der Schwan

Victor Hugo gewid-
met

I

Ich denke dein, Andromache!
Der Bach
Der trübe seichte Spiegel wel-
cher einst
Dich aufnahm und dein hohes
Ungemach
Simois, der nur strömte wenn
du weinst

Ist plötzlich in mein Sinnen
eingedrungen
Beim Gange übers Neue
Carrousel.
Die Altstadt ist dahin – wenn
Neuerungen
Uns wandeln sinken Städte
doppelt schnell.

Ich sehe jenen Platz mit den
Baracken
Den Torsi und Pilastern noch im
Geist
Wo zwischen Blöcken und be-
moosten Schlacken
Ein feiler Trödel in den Fenstern
gleißt.

Dort war ein Tierpark aufgebaut

Là je vis, un matin, à l'heure où
sous les cieux
Froids et clairs le Travail
s'éveille, où la voirie
Pousse un sombre ouragan dans
l'air silencieux,

Un cygne qui s'était évadé de sa
cage,
Et de ses pieds palmés frottant
le pavé sec,
Sur le sol raboteux traînait son
blanc plumage.
Près d'un ruisseau sans eau la
bête ouvrant le bec

Baignait nerveusement ses ailes
dans la poudre,
Et disait, le cœur plein de son
beau lac natal:
»Eau, quand donc pleuvras-tu?
quand tonneras-tu, foudre?«
Je vois ce malheureux, mythe
étrange et fatal,

Vers le ciel quelquefois, comme
l'homme d'Ovide,
Vers le ciel ironique et cruelle-
ment bleu,
Sur son cou convulsif tendant sa
tête avide,
Comme s'il adressait des repro-
ches à Dieu!

gewesen
Wo einst im frühen Froste wenn
im Freien
Die Tagfron aufsteht und ein
Heer von Besen
Die Schwärze des Orkans der
Luft verleihen

Vor seinem Käfig einen Schwan
ich fand
Der seinen Schwimmfuß übers
Pflaster zog
Und seinen weißen Fittich durch
den Sand;
Als dann der trockne Bach den
Durstigen trog

Wälzt er im Staub sein zucken-
des Gefieder
Und sprach erfüllt vom Bild der
Heimatseen:
»Wann wirst du fallen, Naß?
Wann, Blitz, fährst du hernie-
der?«
Ich sah den Armen – mythisches
Geschehn –

Gen Himmel oft wie bei Ovidius
der Verbannte
Gen Himmel dessen Bläue grau-
sam loht
Den Kopf so recken daß sein
Hals sich spannte
Als sende seinen Vorwurf er zu
Gott.

24

II

Paris change! mais rien dans ma
mélancolie
N'a bougé! palais neufs,
échafaudages, blocs,
Vieux faubourgs, tout pour moi
devient allégorie,
Et mes chers souvenirs sont plus
lourds que des rocs.

Aussi devant ce Louvre une
image m'opprime:
Je pense à mon grand cygne,
avec ses gestes fous,
Comme les exilés, ridicule et
sublime,
Et rongé d'un désir sans trêve! et
puis à vous,

Andromaque, des bras d'un
grand époux tombée,
Vil bétail, sous la main du su-
perbe Pyrrhus,
Auprès d'un tombeau vide en
extase courbée;
Veuve d'Hector, hélas! et femme
d'Hélénus!

Je pense à la négresse, amaigrie
et phtisique,
Piétinant dans la boue, et cher-
chant, l'œil hagard,
Les cocotiers absents de la su-
perbe Afrique
Derrière la muraille immense du

II

Paris wird anders, aber die
bleibt gleich
Melancholie. Die neue Stadt die
alte
Mir wirds ein allegorischer Be-
reich
Und mein Erinnern wuchtet wie
Basalte.

Selbst hier vorm Louvre liegt es
schwer auf mir
Ich denk an meinen Schwan,
wie er entwich
So lächerlich so groß wie dieses
Tier
Verzehren sich Verbannte – und
an dich

Andromache die dem Gemahl
entglitten
Die unter Pyrrhus feil ward zum
Genuß
Die überm leeren Sarkophag
gelitten
Und Hektors war und ward des
Helenus.

Ich denk der Schwarzen die von
Sucht verzehrt
Im Schlamm sich quält und mit
verstörten Blicken
Die Zauberpalmen Afrikas ent-
behrt
Vor denen zähe Nebel sich ver-

brouillard;

A quiconque a perdu ce qui ne
se retrouve
Jamais, jamais! à ceux qui s'ab-
reuvent de pleurs
Et tettent la Douleur comme une
bonne louve!
Aux maigres orphelins séchant
comme des fleurs!

Ainsi dans la forêt où mon esp-
rit s'exile
Un vieux Souvenir sonne à plein
souffle du cor!
Je pense aux matelots oubliés
dans une île,
Aux captifs, aux vaincus!... à
bien d'autres encor!

Les sept Vieillards

A Victor Hugo

Fourmillante cité, cité pleine de
rêves,
Où le spectre en plein jour rac-
croche le passant!
Les mystères partout coulent
comme des sèves
Dans les canaux étroits du co-
losse puissant.

---

dicken;

Und aller derer welche ein Ver-
lust
Unheilbar kränkte, all der Trä-
nenreichen
(Die Wölfin ›Jammer‹ nahm sie
an die Brust)
Der Waisen deren Blumenhäup-
ter bleichen.

Durch meinen Wald die Ruh
des Ruhelosen
Hör ich wie Hornruf ein Erin-
nern wandern
Ich denk im Riff vergessener
Matrosen
Gefangener Besiegter... vieler
andern.

Die sieben Greise

Victor Hugo gewid-
met

Wimmelnde Stadt, Stadt die
erfüllt von Träumen
Wo das Gespenst bei Tag antritt
den Mann!
Geheimes schwillt gleich Säften
wenn sie schäumen
In engen Gossen des Kolosses
an.

26

Un matin, cependant que dans la triste rue
Les maisons, dont la brume allongeait la hauteur,
Simulaient les deux quais d'une rivière accrue,
Et que, décor semblable à l'âme de l'acteur,

Un brouillard sale et jaune inondait tout l'espace,
Je suivais, roidissant mes nerfs comme un héros
Et discutant avec mon âme déjà lasse,
Le faubourg secoué par les lourds tombereaux.

Tout à coup, un vieillard dont les guenilles jaunes
Imitaient la couleur de ce ciel pluvieux,
Et dont l'aspect aurait fait pleuvoir les aumônes,
Sans la méchanceté qui luisait dans ses yeux,

M'apparut. On eût dit sa prunelle trempée
Dans le fiel; son regard aiguisait les frimas,
Et sa barbe à longs poils, roide comme une épée,
Se projetait, pareille à celle de Judas.

Il n'était pas voûté, mais cassé, son échine

An einem Morgen als in tristen Straßen
Die Häuser die im Nebel aufgereckt
Zu Dämmen wurden die ein Strombett fassen
Und, dieses Mimen würdiger Prospekt

Ein gelber Dunstkreis alles überschwemmte
Schritt ich vertieft – heroisch auszuharren
Mein Herz beredend das Ermüdung lähmte –
Die Vorstadt hin die dröhnte von den Karren.

Da stieg ein Greis in Lumpen die verblassen
Vom Ton der Wolken dieser gelben feuchten
Des Antlitz Gaben hätte regnen lassen
Ohn seiner Blicke höchst gemeines Leuchten

Vor mir empor. Sein Auge blickte schwer
Wie voller Galle; Frost fiel ihm vom Lid
Sein Bartwuchs welcher hart war wie ein Speer
Glich dem des Jüngers der den Christ verriet.

Er, nicht gekrümmt, zerbrochen, und sein Rücken

Faisant avec sa jambe un parfait
angle droit,
Si bien que son bâton, parache-
vant sa mine,
Lui donnait la tournure et le pas
maladroit

D'un quadrupède infirme ou
d'un juif à trois pattes.
Dans la neige et la boue il allait
s'empêtrant,
Comme s'il écrasait des morts
sous ses savates,
Hostile à l'univers plutôt qu'in-
différent.

Son pareil le suivait: barbe, œil,
dos, bâton, loques,
Nul trait ne distinguait, du
même enfer venu,
Ce jumeau centenaire, et ces
spectres baroques
Marchaient du même pas vers
un but inconnu.

A quel complot infâme étais-je
donc en butte,
Ou quel méchant hasard ainsi
m'humiliait?
Car je comptai sept fois, de mi-
nute en minute,
Ce sinistre vieillard qui se mul-
tipliait!

Que celui-là qui rit de mon in-
quiétude,
Et qui n'est pas saisi d'un frisson
fraternel,

Lief gen den Schenkel im ge-
nauen Lot
So daß sein Stab der dies Bild
sonder Lücken
Vollendete ihm Aussehn lieh
und Trott

Des lahmen Tiers, des Juden auf
drei Pfoten
Durch Schnee und Pfützen ging
es unablässig
Als wate er mit seinem Schuh in
Toten
Mir schien er nicht so fremde
denn gehässig.

Ein gleicher folgte ihm: Bart
Stock und Haar
Nichts unterschied den Sohn
der gleichen Hölle
Und dies barocke greise Zwil-
lingspaar
Schritt wie im Takt – wer weiß
nach welcher Stelle?

Welch Anschlag war das der
zum Ziel mich wählte
War's hämischer Zufall der mich
so verlachte
Daß siebenmal minutenweis ich
zählte
Den grausen Alten der sich
vielfach machte!

Mag wer da lächelt meiner ban-
gen Qual
Wen brüderliche Schauder nicht
befahren

Songe bien que malgré tant de décrépitude
Ces sept monstres hideux avaient l'air éternel!

Aurais-je, sans mourir, contemplé le huitième,
Sosie inexorable, ironique et fatal,
Dégoûtant Phénix, fils et père de lui-même?
– Mais je tournai le dos au cortège infernal.

Exaspéré comme un ivrogne qui voit double,
Je rentrai, je fermai ma porte, épouvanté,
Malade et morfondu, l'esprit fiévreux et trouble,
Blessé par le mystère et par l'absurdité!

Vainement ma raison voulait prendre la barre;
La tempête en jouant déroutait ses efforts,
Et mon âme dansait, dansait, vieille gabarre
Sans mâts, sur une mer monstrueuse et sans bords!

Bedenken daß trotz völligem Verfall
Die sieben Ausgeburten ewig waren!

Konnt ohne Todesnot ich noch den achten
Den scheelen Sosias der sich drohend trug
Den eklen Phönix der sein eigner Sohn betrachten?
Doch ich entkehrte mich dem Höllenzug.

Rasend gleich Trunknen wenn sie doppelt schauen
Mein Haus gewann ich und verschloß mich drin
Krank und durchfroren, wirr vom Fieberbrauen
Wund vom Geheimnis und vom Widersinn!

Umsonst Vernunft zur Heimfahrt Segel pflanzte –
Sturm brach ihr Trachten mit gewaltger Hand
Und meiner Seele Kutter tanzte, tanzte
Mastlos auf wüsten Wogen ohne Land.

Les petites Vieilles

A Victor Hugo

I

Dans les plis sinueux des vieilles
capitales,
Où tout, même l'horreur, tourne
aux enchantements,
Je guette, obéissant à mes
humeurs fatales,
Des êtres singuliers, décrépits et
charmants.

Ces monstres disloqués furent
jadis des femmes,
Éponine ou Laïs! Monstres
brisés, bossus
Ou tordus, aimons-les! ce sont
encor des âmes.
Sous des jupons troués et sous
de froids tissus.

Ils rampent, flagellés par les
bises iniques,
Frémissant au fracas roulant des
omnibus,
Et serrant sur leur flanc, ainsi
que des reliques,
Un petit sac brodé de fleurs ou
de rébus;

Ils trottent, tout pareils à des

Alte Frauen

Victor Hugo gewid-
met

I

Im Faltenschoß der alten Metro-
polen
Wo Feen im Entsetzen selber
walten
Folgt meine trübe Leidenschaft
verstohlen
Verfallnen doch vollendeten
Gestalten.

Die Unform die da abstößt war
ein Weib
War Epona! war Lais! Ehrt ihr
Leben
Das seelenhafte noch im mor-
schen Leib.
Im dünnen Rock in löchrigen
Geweben

Herzloser Winde Geißelhieb im
Rücken
Ziehn sie verstört vom Wagen-
lärm vorbei.
Was für Reliquien sie an sich
drücken!
Ihr Beutelchen mit Blumensti-
ckerei;

Sie gehn wie Püppchen ihre

marionnettes;
Se traînent, comme font les ani-
maux blessés,
Ou dansent, sans vouloir dan-
ser, pauvres sonnettes
Où se pend un Démon sans
pitié! Tout cassés

Qu'ils sont, ils ont des yeux
perçants comme une vrille,
Luisants comme ces trous où
l'eau dort dans la nuit;
Ils ont les yeux divins de la peti-
te fille　-
Qui s'étonne et qui rit à tout ce
qui reluit.

– Avez-vous observé que maints
cercueils de vieilles
Sont presque aussi petits que
celui d'un enfant?
La Mort savante met dans ces
bières pareilles
Un symbole d'un goût bizarre et
captivant,

Et lorsque j'entrevois un
fantôme débile
Traversant de Paris le fourmil-
lant tableau,
Il me semble toujours que cet
être fragile
S'en va tout doucement vers un
nouveau berceau;

A moins que, méditant sur la
géométrie,
Je ne cherche, à l'aspect de ces

Füße stellen
Sie kommen wie ein wundes
Tier gekrochen
Tanzen und wollen doch nicht
tanzen – arme Schellen
An die ein Troll sich anhängt! So
zerbrochen

Sie sind, ihr Aug' dringt boh-
rend in die deinen
Blank wie ein schlafend Regen-
loch bei Nacht;
Es ist das göttlich blickende der
Kleinen
Die über Glänzendes erstaunt
und lacht.

Habt ihr bemerkt wie sie in
Särgen ruhen
Die oft kaum größer sind als für
ein Kind.
Der weise Tod bewährt in sol-
chen Truhen
Wie ernst die Spiele seiner Lau-
ne sind!

Und seh ich ihrer eine schatten-
haft
Sich im Pariser Schwarm vor-
überheben
Stets scheint mir ihre stille
Wanderschaft
Zu einer andern Wiege hin das
Streben.

Dann sinne ich, ein neuer Geo-
meter
Vergrübelt in der Glieder Miß-

membres discords,
Combien de fois il faut que l'ou-
vrier varie
La forme de la boîte où l'on met
tous ces corps.

– Ces yeux sont des puits faits
d'un million de larmes,
Des creusets qu'un métal
refroidi pailleta...
Ces yeux mystérieux ont d'in-
vincibles charmes
Pour celui que l'austère Infor-
tune allaita!

verhältnis
Darüber nach wie oft der
Schreiner später
Abwandeln wird ihr hölzernes
Behältnis.

Augen, aus tausend Tränen ihr
Zisternen
Ihr Tiegel wo Metall im Guß
gerann
Der widersteht nicht so ge-
walt'gen Sternen
Den die Verfemung groß ge-
säugt – der Mann.

II

De Frascati défunt Vestale
énamourée;
Prêtresse de Thalie, hélas! dont
le souffleur
Enterré sait le nom; célèbre éva-
porée
Que Tivoli jadis ombragea dans
sa fleur,

Toutes m'enivrent! mais parmi
ces êtres frêles
Il en est qui, faisant de la dou-
leur un miel,
Ont dit au Dévouement qui leur
prêtait ses ailes:
Hippogriffe puissant, mène-moi
jusqu'au ciel!

II

Der Vesta Magd die zu Frascati
glühte;
Thaliens Priesterin – ach wie sie
hieß
Weiß nur ihr toter Partner – die
einst blühte
Im Schatten Tivolis eh' sie es
ließ.

Von allen bin ich voll! doch von
den Alten
Rief manche für die Gram wie
Honig floß
Der Inbrunst zu die ihr zum
Dienst verhalten:
Heb mich empor, gewalt'ges
Flügelroß!

L'une, par sa patrie au malheur exercée,
L'autre, que son époux surchargea de douleurs,
L'autre, par son enfant Madone transpercée,
Toutes auraient pu faire un fleuve avec leurs pleurs!

Sie die ihr Vaterland mit Not geschändet
Sie die ihr Mann mit Kränkung überlud
Die Schmerzensmutter die im Sohn verendet
Von ihrer aller Tränen welche Flut!

III

Ah! que j'en ai suivi de ces petites vieilles!
Une, entre autres, à l'heure où le soleil tombant
Ensanglante le ciel de blessures vermeilles,
Pensive, s'asseyait à l'écart sur un banc,

Nie ward ich müde, ihnen nachzugehen!
Einst traf ich eine, als die Sonne sank
Wie Blut aus goldnen Wunden anzusehen
Fand sie sich sinnend abseits eine Bank

Pour entendre un de ces concerts, riches de cuivre,
Dont les soldats parfois inondent nos jardins,
Et qui, dans ces soirs d'or où l'on se sent revivre,
Versent quelque héroïsme au cœur des citadins.

Zu lauschen jenen großen Blechkapellen
Der Garden welche im betäubten Park
Zu diesen Stunden unsern Lebensquellen
Ein Schauern senken in der Bürger Mark.

Celle-là, droite encor, fière et sentant la règle,
Humait avidement ce chant vif et guerrier;
Son œil parfois s'ouvrait comme l'œil d'un vieil aigle;

Sie saß gereckt den strengen Takt zu saugen
Zum durst'gen Ohr ließ sie den Kriegsmarsch ein
Und wie ein alter Aar hob sie die Augen;

Son front de marbre avait l'air
fait pour le laurier!

Ihr Haupt schien für den Lor-
beer da zu sein!

IV

IV

Telles vous cheminez, stoïques
et sans plaintes,
A travers le chaos des vivantes
cités,
Mères au cœur saignant, courti-
sanes ou saintes,
Dont autrefois les noms par tous
étaient cités.

Vous qui fûtes la grâce ou qui
fûtes la gloire,
Nul ne vous reconnaît! un iv-
rogne incivil
Vous insulte en passant d'un
amour dérisoire;
Sur vos talons gambade un en-
fant lâche et vil.

Honteuses d'exister, ombres
ratatinées,
Peureuses, le dos bas, vous
côtoyez les murs;
Et nul ne vous salue, étranges
destinées!
Débris d'humanité pour l'éterni-
té mûrs!

Mais moi, moi qui de loin ten-
drement vous surveille,
L'œil inquiet, fixé sur vos pas

Dies seid ihr, euer klageloses
Kommen
Durch meiner Stadt lebendiges
Gedränge
Herzblut der Mütter, Dirnen
wie Madonnen
Einst Namen in dem Munde
dieser Menge.

Die ihr die Gnade wart und
wart der Ruhm
Keiner erkennt euch! nur ein
Trunkenbold
Streift euch mit seiner Liebe
Narrentum;
Ein feiges Kindchen kommt
euch nachgetrollt.

Scham dazusein, ihr einge-
schrumpften Schemen
Macht, daß ihr krumm und
scheu die Mauern streift;
Man grüßt euch nicht, Erloste
großer Femen
O Menschenschutt zur Ewigkeit
gereift!

Doch ich der ich von ferne euch
behüte
Der zag und zärtlich euren

incertains,
Tout comme si j'étais votre père,
ô merveille!
Je goûte à votre insu des plaisirs
clandestins:

Je vois s'épanouir vos passions
novices;
Sombres ou lumineux, je vis vos
jours perdus;
Mon cœur multiplié jouit de
tous vos vices!
Mon âme resplendit de toutes
vos vertus!

Ruines! ma famille! ô cerveaux
congénères!
Je vous fais chaque soir un sol-
ennel adieu!
Où serez-vous demain, Èves
octogénaires,
Sur qui pèse la griffe effroyable
de Dieu?

Gang ermißt
Nun ganz euch Vater aus be-
glückter Güte!
Ich schlürfe Süßen welche ihr
nicht wißt:

Das frühste Keimen spür ich in
euch allen
Die längst verlebte, eure Zeit
ward mein
Mein Herz ist tausendfach in
euch der Brunst verfallen
Und meine Seele ist aus eurer
Tugend rein!

Verfallene! an Blut und Wissen
meinesgleichen
Euch gilt zur Nacht mein schei-
dender Gedanke;
Wo wird der nächste Morgen
euch erreichen
Uralte Even unter Gottes Pran-
ke?

Les Aveugles

Contemple-les, mon âme; ils
sont vraiment affreux!
Pareils aux mannequins; va-
guement ridicules;
Terribles, singuliers comme les
somnambules;
Dardant on ne sait où leurs glo-
bes ténébreux.

Die Blinden

Betrachte sie, mein Herz; sie
sind ein Grauen!
Den Gliederpuppen ähnlich;
grundlos komisch;
Wie Somnambulen sind sie
physiognomisch:
Wohin ergeht nur ihr umwölk-
tes Schauen?

Leurs yeux, d'où la divine
étincelle est partie,
Comme s'ils regardaient au loin,
restent levés
Au ciel; on ne les voit jamais
vers les pavés
Pencher rêveusement leur tête
appesantie.

Ils traversent ainsi le noir illi-
mité,
Ce frère du silence éternel. O
cité!
Pendant qu'autour de nous tu
chantes, ris et beugles,

Éprise du plaisir jusqu'à l'atroci-
té,
Vois! je me traîne aussi! mais,
plus qu'eux hébété,
Je dis: Que cherchent-ils au Ciel,
tous ces aveugles?

Ihr Augenpaar aus dem der
Funke wich
Blieb mit fernspähender Geber-
de
Geöffnet stehn; nie sieht man sie
zur Erde
Das Haupt gewendet und ver-
senkt in sich.

Sie gehn durchs grenzenloseste
Verließ
Den Bruder ewgen Schweigens.
O Paris
Wo wir uns vom Gejohl begra-
ben finden

Du welches Brunst zur Bestie
werden ließ
Sieh her! so schleich auch ich!
doch nahm mich dies
Oft Wunder: Was verrät sich
Dort den Blinden?

A une passante

La rue assourdissante autour de
moi hurlait.
Longue, mince, en grand deuil,
douleur majestueuse,
Une femme passa, d'une main
fastueuse
Soulevant, balançant le feston et
l'ourlet;

Agile et noble, avec sa jambe de

Einer Dame

Geheul der Straße dröhnte rings
im Raum.
Hoch schlank tiefschwarz, in
ungemeinem Leide
Schritt eine Frau vorbei, die
Hand am Kleide
Hob majestätisch den gerafften
Saum;

Gemessen und belebt, ihr Knie

statue.
Moi, je buvais, crispé comme un extravagant,
Dans son œil, ciel livide où germe l'ouragan,
La douceur qui fascine et le plaisir qui tue.

Un éclair... puis la nuit! – Fugitive beauté
Dont le regard m'a fait soudainement renaître,
Ne te verrai-je plus que dans l'éternité?

Ailleurs, bien loin d'ici! trop tard! *jamais* peut-être!
Car j'ignore où tu fuis, tu ne sais où je vais,
O toi que j'eusse aimée, ô toi qui le savais!

gegossen.
Und ich verfiel in Krampf und Siechtum an
Dies Aug' den fahlen Himmel vorm Orkan
Und habe Lust zum Tode dran genossen.

Ein Blitz, dann Nacht! Die Flüchtige, nicht leiht
Sie sich dem Werdenden an ihrem Schimmer.
Seh ich dich nur noch in der Ewigkeit?

Weit fort von hier! zu spät! vielleicht auch nimmer?
Verborgen dir mein Weg und mir wohin du mußt
O du die mir bestimmt, o du die es gewußt!

Le Squelette laboureur

I

Dans les planches d'anatomie
Qui traînent sur ces quais poudreux
Où maint livre cadavéreux
Dort comme une antique momie,

Dessins auxquels la gravité

Das Skelett bei der Arbeit

I

Atlanten der Anatomie
Die sacht auf diesen Quais verstauben
Wo Bücher modern daß wir glauben
Wie alte Mumien schlummern sie

Voll Tafeln die das treue Sinnen

Et le savoir d'un vieil artiste,
Bien que le sujet en soit triste,
Ont communiqué la Beauté,

Des alten Zeichners und sein
Wert
Wiewohl ihr Urbild trauern
lehrt
Wahrhafte Schönheit ließ ge-
winnen

On voit, ce qui rend plus com-
plètes
Ces mystérieuses horreurs,
Bêchant comme des laboureurs,
Des Écorchés et des Squelettes.

Sie weisen daß uns tiefer bette
Dies unergründlich rege Schau-
ern
Den Boden schaufelnd gleich
den Bauern
Enthäutete und auch Skelette.

II

II

De ce terrain que vous fouillez,
Manants résignés et funèbres,
De tout l'effort de vos vertèbres,
Ou de vos muscles dépouillés,

Die ihr durchstöbert, dieser
Hänge
Verdrossene und trübe Sassen
Nach Kräften eurer Wirbelma-
ßen
Und bloßgelegten Muskelsträn-
ge

Dites, quelle moisson étrange,
Forçats arrachés au charnier,
Tirez-vous, et de quel fermier
Avez-vous à remplir la grange?

Sprecht: welche Ernte sondrer
Art
Volk das dem Beinhaus man
entlockte
Ist's die ihr bergt? und welchem
Vogte
Dem ihr im Schober sie be-
wahrt?

Voulez-vous (d'un destin trop
dur

Wollt ihr (der künft'gen Küm-
mernis

Épouvantable et clair emblème!)
Montrer que dans la fosse même
Le sommeil promis n'est pas
sûr;

Qu'envers nous le Néant est
traître;
Que tout, même la Mort, nous
ment,
Et que sempiternellement,
Hélas! il nous faudra peut-être

Dans quelque pays inconnu
Écorcher la terre revêche
Et pousser une lourde bêche
Sous notre pied sanglant et nu?

Ein Sinnbild fürchterlich und
klar)
Erweisen daß im Grab sogar
Verheißner Schlummer unge-
wiß;

Daß wider uns das Nichts Ver-
räter;
Daß alles selbst der Tod uns lügt
Und daß es leider so gefügt
Daß man für ew'ge Zeiten später

In einer fremden Gegend muß
Durchwühlen spröde Ackerflä-
chen
Und einen schweren Spaten
stechen
Unter dem blutend nackten
Fuß?

Le Crépuscule du soir

Voici le soir charmant, ami du
criminel;
Il vient comme un complice, à
pas de loup; le ciel
Se ferme lentement comme une
grande alcôve,
Et l'homme impatient se change
en bête fauve.

O soir, aimable soir, désiré par
celui
Dont les bras, sans mentir, peu-

Die Abenddämmerung

Der süße Abend kommt der's
mit den Schächern hält;
Er schleicht sich wie ihr Hel-
fershelfer sacht heran; nun fällt
Des Himmels riesige Portiere
langsam vor
Und Raubwild will in uns den
Irrenden empor.

O Abend lieber Abend welcher
den erfreut
Des Arme sonder Lüge sagen

vent dire: Aujourd'hui
Nous avons travaillé! – C'est le
soir qui soulage
Les esprits que dévore une dou-
leur sauvage,
Le savant obstiné dont le front
s'alourdit,
Et l'ouvrier courbé qui regagne
son lit.

Cependant des démons
malsains dans l'atmosphère
S'éveillent lourdement, comme
des gens d'affaire,
Et cognent en volant les volets et
l'auvent.
A travers les lueurs que tour-
mente le vent
La Prostitution s'allume dans les
rues;
Comme une fourmilière elle
ouvre ses issues;
Partout elle se fraye un occulte
chemin,
Ainsi que l'ennemi qui tente un
coup de main;
Elle remue au sein de la cité de
fange
Comme un ver qui dérobe à
l'Homme ce qu'il mange.
On entend çà et là les cuisines
siffler,
Les théâtres glapir, les or-
chestres ronfler;
Les tables d'hôte, dont le jeu fait
les délices,
S'emplissent de catins et
d'escrocs, leurs complices,

können: heut
Sind fleißig wir gewesen! – Lin-
derung beschert
Der Abend Geistern die ein
wilder Schmerz verheert Den
zähen Forscher dessen Stirn sich
senkt befreit er
Und nieder legt sich der ge-
beugte Lohnarbeiter.

Indes erwachen rings in Lüften
wo sie wohnen
Träg wie ein Kaufmannspack
die schädlichen Dämonen
Und stoßen sich im Flug an
Firsten und an Fenstern.
Bei Lichtern die im Luftzug hin
und her gespenstern
Entzündet sich die Unzucht in
den Gassen;
Ameisen die den Bau aus jedem
Loch verlassen.
Wie sie sich überall verborgen
Wege bahnt
Ist sie dem Feinde gleich der
einen Handstreich plant;
Sie lebt am Busen ihrer Stadt
von Kot
Und stiehlt gleich einem Wurm
des Menschen täglich Brot.
Ein Zischen hört man hie und
da aus Küchenessen
Gekreisch von Bühnen und
Orchesterton von Bässen;
Nun sammeln im Lokal wo sie
zum Spiel verleiten
Dirnen und Gauner sich als
seine Eingeweihten

Et les voleurs, qui n'ont ni trêve
ni merci,
Vont bientôt commencer leur
travail, eux aussi,
Et forcer doucement les portes
et les caisses
Pour vivre quelques jours et
vêtir leurs maîtresses.

Recueille-toi, mon âme, en ce
grave moment,
Et ferme ton oreille à ce rugis-
sement.
C'est l'heure où les douleurs des
malades s'aigrissent!
La sombre Nuit les prend à la
gorge; ils finissent
Leur destinée et vont vers le
gouffre commun;
L'hôpital se remplit de leurs
soupirs. – Plus d'un
Ne viendra plus chercher la
soupe parfumée,
Au coin du feu, le soir, auprès
d'une âme aimée.

Encore la plupart n'ont-ils ja-
mais connu
La douceur du foyer et n'ont
jamais vécu!

Und unversehens sind, geächtet
und betrogen
Diebsbanden auf die Arbeit
ausgezogen
Die lautlos Türen und Tresors
bezwingen
Um Unterhalt, und um den
Weibern Putz zu bringen.

Du sammle dich mein Herz in
dieser ernsten Stunde
Und schließe du dein Ohr dem
lauten Höllenmunde.
Die Stund ist's da der Kranken
Schmerzen überschießen!
Nach ihrer Gurgel greift die
düstere Nacht; sie schließen
Ihr Schicksal ab und gehn zum
allgemeinen Grund;
Es füllt das Spittel sich mit ihren
Seufzern. Und
Manch einer ist der nie mehr bei
dem Nachtmahl weilt
Am Herde wo er's mit der
Freundin sonst geteilt.

Auch hat die meisten nie ein
süßer Schein umschwebt
Von eignem Feuer und sie ha-
ben nie gelebt.

Le Jeu

Dans des fauteuils fanés des
courtisanes vieilles,

Das Spiel

Verschossene Polster worin
Vetteln tuscheln

Pâles, le sourcil peint, l'œil câlin et fatal,
Minaudant, et faisant de leurs maigres oreilles
Tomber un cliquetis de pierre et de métal;

Autour des verts tapis des visages sans lèvre,
Des lèvres sans couleur, des mâchoires sans dent,
Et des doigts convulsés d'une infernale fièvre,
Fouillant la poche vide ou le sein palpitant;

Sous de sales plafonds un rang de pâles lustres
Et d'énormes quinquets projetant leurs lueurs
Sur des fronts ténébreux de poëtes illustres
Qui viennent gaspiller leurs sanglantes sueurs;

Voilà le noir tableau qu'en un rêve nocturne
Je vis se dérouler sous mon œil clairvoyant.
Moi-même, dans un coin de l'antre taciturne,
Je me vis accoudé, froid, muet, enviant,

Enviant de ces gens la passion tenace,
De ces vieilles putains la funèbre gaieté,

Die aus bemalten Augen böse locken
Und deren Ohrschmuck aus verdorrten Muscheln
Ein Klirren fallen läßt wie leise Glocken;

Und überm grünen Tuch entfleischte Fratzen
Entfärbte Lippen und entzahnte Kiefer
Umsonst durchforschen fieberheiße Tatzen
Das Mieder und die Taschen immer tiefer;

Bei fahlen Lüstern die zur Decke schwelen
Und riesenhaften Lampen einen Kreis
Erlauchtester Poeten deren Seelen
Die Frone suchen und den blutigen Schweiß;

Dies dunkle Bild in mitternächtger Luft
Als Traumgesicht vor meinem Blick erleidend
Fand ich verloren in der stillen Gruft
Mich selber lehnen, kalt verstummt und neidend

Ja neidend ihre Laster jenen Dieben
Die unheilvolle Lust den geilen Damen

Et tous gaillardement trafiquant
à ma face,
L'un de son vieil honneur, l'aut-
re de sa beauté!

Et mon cœur s'effraya d'envier
maint pauvre homme
Courant avec ferveur à l'abîme
béant,
Et qui, soûl de son sang, préfé-
rerait en somme
La douleur à la mort et l'enfer
au néant!

Wie sie getrost und offen Han-
del trieben
Mit Schönheit die und der mit
seinem Namen.

Mich aber ließ mein Neid auf
den erbeben
Den seine Jagd zum Abgrund so
entflammt
Daß ihm sein Blut die Losung
eingegeben:
Dem Nichtsein zu entgehn und
seis verdammt!

Danse macabre

A Ernest Christophe

Totentanz

Ernest Christophe
gewidmet

Fière, autant qu'un vivant, de sa
noble stature,
Avec son gros bouquet, son
mouchoir et ses gants,
Elle a la nonchalance et la dés-
involture
D'une coquette maigre aux airs
extravagants.

Vit-on jamais au bal une taille
plus mince?
Sa robe exagérée, en sa royale
ampleur,
S'écroule abondamment sur un
pied sec que pince

Kein Lebender pocht mehr auf
seine Größe
Als sie die Strauß und Hand-
schuh an sich preßt
Und in der Haltung die ver-
wegne Blöße
Der hagern Kurtisane sehen
läßt.

Wer fand beim Ball ein Mieder
so verengt?
Die Robe stürzt in königlicher
Fülle
Auf einen ausgezehrten Fuß –
den zwängt

Un soulier pomponné, joli
comme une fleur.

La ruche qui se joue au bord des
clavicules,
Comme un ruisseau lascif qui se
frotte au rocher,
Défend pudiquement des lazzi
ridicules
Les funèbres appas qu'elle tient
à cacher.

Ses yeux profonds sont faits de
vide et de ténèbres,
Et son crâne, de fleurs artiste-
ment coiffé,
Oscille mollement sur ses frêles
vertèbres.
O charme d'un néant follement
attifé!

Aucuns t'appelleront une carica-
ture,
Qui ne comprennent pas,
amants ivres de chair,
L'élégance sans nom de l'hu-
maine armature.
Tu réponds, grand squelette, à
mon goût le plus cher!

Viens-tu troubler, avec ta puis-
sante grimace,
La fête de la Vie? ou quelque
vieux désir,
Éperonnant encor ta vivante
carcasse,
Te pousse-t-il, crédule, au sab-
bat du Plaisir?

Der seidne Schuh wie eine Blu-
mentülle.

Die Rüschen die am Schlüssel-
bein sich spreiten
(So leckt am Fels ein Bächlein
lockrer Art)
Behüten spröd vor faden Lus-
tigkeiten
Die düstern Reize die sie wohl
verwahrt.

Die tiefen Augen sind aus
Nichts und Nacht
Ihr Schädel den ein Bau von
Blumen schmückt
Wiegt auf dem brüchigen Ge-
nick sich sacht.
Wie bist du, taubes Meister-
stück, geglückt!

Ein Zerrbild magst du heißen
vor dem Tadel
Der fleischlichen Galane die
nicht schätzen
Des sterblichen Gerüsts erlesnen
Adel.
Großes Skelett! Du stimmst zu
meinen liebsten Sätzen!

Grandiose Larve, willst du dies
Gelage
Des Lebens stören? oder aber
blieb
Dir im Gebein vom Kitzel frühe-
rer Tage
Zurück was hier in Satans Garn
dich trieb?

44

Au chant des violons, aux
flammes des bougies,
Espères-tu chasser ton cauche-
mar moqueur,
Et viens-tu demander au torrent
des orgies
De rafraîchir l'enfer allumé dans
ton cœur?

Inépuisable puits de sottise et de
fautes!
De l'antique douleur éternel
alambic!
A travers le treillis recourbé de
tes côtes
Je vois, errant encor, l'insatiable
aspic.

Pour dire vrai, je crains que ta
coquetterie
Ne trouve pas un prix digne de
ses efforts;
Qui, de ces cœurs mortels, en-
tend la raillerie?
Les charmes de l'horreur n'eniv-
rent que les forts!

Le gouffre de tes yeux, plein
d'horribles pensées,
Exhale le vertige, et les danseurs
prudents
Ne contempleront pas sans
d'amères nausées
Le sourire éternel de tes trente-
deux dents.

Pourtant, qui n'a serré dans ses
bras un squelette,

Glaubst du bei Geigen und ent-
brannten Kerzen
Den Alben abzutun mit seinem
Lächeln?
Und soll dem Höllenglast in
deinem Herzen
Der Sturzbach dieser Orgien
Kühlung fächeln?

Grundloser Bronn von Dumm-
heit und Verschulden!
Kelch der die alte Qual uns des-
tilliert!
Durchs Stabwerk deiner leeren
Rippenmulden
Zeigt sich die Natter die um
Fraß noch irrt.

Ich frage mich: wird deiner
Koquetterie
Auch ihr verdienter Lohn be-
schieden sein?
Den Spott erfaßt der Haufe hier
doch nie
Nur Starke saugen lustvoll
Grauen ein.

Aus hohlen Augen haucht ver-
ruchtes Sinnen
Noch Schwindel und beim An-
blick weckt gewiß
Den zagen Tänzern bittres Wür-
gen innen
Dein volles ewig lächelndes
Gebiß.

Und doch – wo ist der kein Ske-
lett umfangen

Et qui ne s'est nourri des choses du tombeau?
Qu'importe le parfum, l'habit ou la toilette?
Qui fait le dégoûté montre qu'il se croit beau.

Bayadère sans nez, irrésistible gouge,
Dis donc à ces danseurs qui font les offusqués:
»Fiers mignons, malgré l'art des poudres et du rouge,
Vous sentez tous la mort! O squelettes musqués,

Antinoüs flétris, dandys à face glabre,
Cadavres vernissés, lovelaces chenus,
Le branle universel de la danse macabre
Vous entraîne en des lieux qui ne sont pas connus!

Des quais froids de la Seine aux bords brûlants du Gange,
Le troupeau mortel saute et se pâme, sans voir
Dans un trou du plafond la trompette de l'Ange
Sinistrement béante ainsi qu'un tromblon noir.

En tout climat, sous tout soleil, la Mort t'admire
En tes contorsions, risible Humanité,

Und nicht von Gräbergut die Mahlzeit hielt?
Was kann hier Pflege Duft und Kleid verfangen?
Fein schilt sich selber wer den Heiklen spielt.

Du Bajadere der die Nase fehlt
Begehrenswertes Weib! sprich du zu jenen:
»Ihr Äffchen, ob ihrs unterm Puder hehlt
Riecht doch nach Tod! O duftende Gebeine ihr und Sehnen

Ihr glatten Dandys, Aas im Firnisglanz
Du greiser Lovelace, Antinous
Euch führt der ungeheure Totentanz
Mit in ein Land das dunkel bleiben muß.

Vom Seinequai zum Ganges, durch die Welt
Taumelt des Todes Herde, blickt nicht auf
Wo die Drommete die der Engel hält
Im Dachstuhl gähnt – ein schwarzer Büchsenlauf.

Mors schaut Dir, Menschheit, beim Verrecken zu
Gelächter das du bist in allen Zonen

Et souvent, comme toi, se par-
fumant de myrrhe,
Mêle son ironie à ton insanité!«

Und läßt, mit Myrrhen parfü-
miert wie du
Versteckten Hohn bei deiner
Tollheit wohnen!«

L'Amour du mensonge

Die Lust an der Lüge

Quand je te vois passer, ô ma
chère indolente,
Au chant des instruments qui se
brise au plafond
Suspendant ton allure harmoni-
euse et lente,
Et promenant l'ennui de ton
regard profond;

Wenn sich mein Aug an dein
gelassnes Schreiten
Beim Lied der Geigen durch den
Saal verliert
An deinen trägen Wandel und
das Gleiten
Der Blicke welche Anteil nicht
regiert;

Quand je contemple, aux feux
du gaz qui le colore,
Ton front pâle, embelli par un
morbide attrait,
Où les torches du soir allument
une aurore,
Et tes yeux attirants comme
ceux d'un portrait,

Betrachte ich im Gaslicht das sie
tönt
Die Stirne der zum Frührot Fa-
ckeln taugen
Wie Bleichsucht pathologisch sie
verschönt
Und die Magie der bildnishaften
Augen

Je me dis : Qu'elle est belle! et
bizarrement fraîche!
Le souvenir massif, royale et
lourde tour,
La couronne, et son cœur, meur-
tri comme une pêche,
Est mûr, comme son corps, pour
le savant amour.

Hab ich befremdlich blühend sie
gefunden
Erinnerung krönte als ein Turm
das Weib
Ihr Herz die mürbe Pfirsche
voller Wunden
Ist reif für weises Lieben wie ihr
Leib.

Es-tu le fruit d'automne aux

Bist du die schwere Herbst-

saveurs souveraines?
Es-tu vase funèbre attendant
quelques pleurs,
Parfum qui fait rêver aux oasis
lointaines,
Oreiller caressant, ou corbeille
de fleurs?

Je sais qu'il est des yeux, des
plus mélancoliques,
Qui ne recèlent point de secrets
précieux;
Beaux écrins sans joyaux,
médaillons sans reliques,
Plus vides, plus profonds que
vous-mêmes, ô Cieux!

Mais ne suffit-il pas que tu sois
l'apparence,
Pour réjouir un cœur qui fuit la
vérité?
Qu'importe ta bêtise ou ton
indifférence?
Masque ou décor, salut! J'adore
ta beauté.Je n'ai pas oublié, voi-
sine de la ville,
Notre blanche maison, petite
mais tranquille;
Sa Pomone de plâtre et sa vieille
Vénus
Dans un bosquet chétif cachant
leurs membres nus,
Et le soleil, le soir, ruisselant et
superbe,
Qui, derrière la vitre où se bri-
sait sa gerbe,
Semblait, grand œil ouvert dans
le ciel curieux,

frucht voller Saft?
Bist du die Urne worauf Tränen
fallen
Ein Duften das wie Wüstenwind
erschlafft
Ein Pfühl ein Blumenkorb was
von dem allen?

Ich weiß um Augen, trauriger
sind keine
In welchen nichts Verschwieg-
nes sich erkennt
Entleerte Medaillons und hohle
Schreine
So tief und kalt ist nicht das
Firmament.

Mir aber der ich wahres Wesen
flieh
Mag dieser Schein im Herzen
Lust vertreten
Was tut dein Stumpfsinn deine
Apathie
Idol, Attrappe! Laß mich vor dir
beten.
Noch lebt mir unser Haus das
abgeschieden
Vorstädtisch lag in seinem wei-
ßen Frieden
Mit Venus Gipsfigur und Flora
deren Zucht
In jenen kargen Büschen Schutz
gesucht
Und auch die Sonne wie sie
feucht sich neigte
Und sich durchs Fenster das sie
brach dann zeigte
Am schauenden Gezelt ein Aug

Contempler nos dîners longs et silencieux,
Répandant largement ses beaux reflets de cierge
Sur la nappe frugale et les rideaux de serge.

La servante au grand cœur dont vous étiez jalouse,
Et qui dort son sommeil sous une humble pelouse,
Nous devrions pourtant lui porter quelques fleurs.
Les morts, les pauvres morts, ont de grandes douleurs,
Et quand Octobre souffle, émondeur des vieux arbres,
Son vent mélancolique à l'entour de leurs marbres,
Certe, ils doivent trouver les vivants bien ingrats,
A dormir, comme ils font, chaudements dans leurs draps,
Tandis que, dévorés de noires songeries,
Sans compagnon de lit, sans bonnes causeries,
Vieux squelettes gelés travaillés par le ver,
Ils sentent s'égoutter les neiges de l'hiver
Et le siècle couler, sans qu'amis ni famille
Remplacent les lambeaux qui pendent à leur grille.

Lorsque la bûche siffle et chante,

das unverwandt
Auf unsrer langen stummen Mahlzeit stand
Und überall mit Kerzenlicht beschienen
Ländliche Kost und linnene Gardinen.

Die Schaffnerin voller Geduld die dein Argwohn betraf
Und die unterm dürftigen Rasen nun schlummert den Schlaf
Weißt du es nicht daß wir ihr Blumen schulden?
Schwer müssen all die armen Toten dulden
Und führt Oktober mit dem Blätterhauf
Trostlose Reigen auf den Gräbern auf
Wie sollten sie nicht herzlos schelten können
Die Lebenden die sich den Schlummer gönnen
Wenn sie in ihrer schwarzen Grübelnacht
In der kein Buhle und kein Zuspruch wacht
Den Wurm an ihren alten Knochen fühlen
Und Wasser die den Winterschnee verspülen
Und durch das Säkulum das hingeht flattern
Trotz Freund- und Sippschaft Fetzen an den Gattern.

Käme einst spät wenn die Holz-

si le soir,
Calme, dans le fauteuil je la
voyais s'asseoir,
Si, par une nuit bleue et froide
de décembre,
Je la trouvais tapie en un coin de
ma chambre,
Grave, et venant du fond de son
lit éternel
Couver l'enfant grandi de son
œil maternel,
Que pourrais-je répondre à cette
âme pieuse,
Voyant tomber des pleurs de sa
paupière creuse?

glut sich neigt
Sie die sich still ihren Platz sucht
und schweigt
Wenn im blauen Nachtfrost der
Winterwende
Ich im Eck meines Zimmers
gekauert sie fände
Die ernst ihr ewiges Bette ver-
lassen
Das Kind das heranwuchs im
Blick zu umfassen
Was könnt ich der armen Seele
erwidern
Wenn ich weinen sie sähe aus
hohlen Lidern?

Brumes et Pluies

O fins d'automne, hivers, prin-
temps trempés de boue,
Endormeuses saisons! je vous
aime et vous loue
D'envelopper ainsi mon cœur et
mon cerveau
D'un linceul vaporeux et d'un
vague tombeau.

Dans cette grande plaine où
l'autan froid se joue,
Où par les longues nuits la gi-
rouette s'enroue,
Mon âme mieux qu'au temps du
tiède renouveau
Ouvrira largement ses ailes de
corbeau.

Nebel und Regen

Herbstende Winter Lenz, durch-
tränkt von Regen
Schläfernde Jahreszeiten die
bewegen
Zu Lob und Liebe wenn im
Dunst erkalten
Mein Herz und Hirn in eines
Bahrtuchs Falten.

In Ebnen wo von Süden Stürme
fegen
Windfahnen nachts sich drehn
mit heisern Schlägen
Wird meine Seele besser als im
Walten
Des Lenzes ihren Rabenflug
entfalten.

Rien n'est plus doux au cœur
plein de choses funèbres,
Et sur qui dès longtemps
descendent les frimas,
O blafardes saisons, reines de
nos climats,

Que l'aspect permanent de vos
pâles ténèbres,
– Si ce n'est, par un soir sans
lune, deux à deux,
D'endormir la douleur sur un lit
hasardeux.

Im Herzen da Verdüstrung
eingedrungen
Und Reif sich senkte kann kein
Trost mehr wohnen
Ihr blassen Königinnen unsrer
Zonen

Als die Betrachtung eurer
Dämmerungen
Wenn nicht geteilter Gram zur
Neumondmette
Uns schlummern läßt auf hei-
matlosem Bette.

Rêve parisien

A Constantin Guys
I

Pariser Traum

Constantin Guys ge-
widmet
I

De ce terrible paysage,
Tel que jamais mortel n'en vit,
Ce matin encore l'image,
Vague et lointaine, me ravit.

Le sommeil est plein de mi-
racles!
Par un caprice singulier,
J'avais banni de ces spectacles
Le végétal irrégulier,

Von dieser grausen Länderei
Die Menschenauge nie erblickt
Heut morgen noch das Konter-
fei
Entfernt und vage mich berückt.

Schlaf geht mit Wunderbarem
schwanger
Aus Laune hatt ich, bar des
Zwecks
Verbannt von meiner Blicke
Anger
Das ungleichförmige Gewächs

Et, peintre fier de mon génie,
Je savourais dans mon tableau
L'enivrante monotonie
Du métal, du marbre et de l'eau.

Babel d'escaliers et d'arcades,
C'était un palais infini,
Plein de bassins et de cascades
Tombant dans l'or mat ou bruni;

Et des cataractes pesantes,
Comme des rideaux de cristal,
Se suspendaient, éblouissantes,
A des murailles de métal.

Non d'arbres, mais de colonna-
des
Les étangs dormants s'entourai-
ent,
Où de gigantesques naïades,
Comme des femmes, se mirai-
ent.

Des nappes d'eau s'épanchaient,
bleues,
Entre des quais roses et verts,
Pendant des millions de lieues,
Vers les confins de l'univers;

C'étaient des pierres inouïes
Et des flots magiques; c'étaient
D'immenses glaces éblouies
Par tout ce qu'elles reflétaient!

Und stolz auf meine Bildnerei
Genoß, ihr eigener Verfasser
Ich ihr berauschend Einerlei
Von Marmor und Metall und
Wasser.

Gestuftes Babel von Arkaden
Ein unabsehbarer Palast
Stand voller Becken und Kaska-
den
In Gold und Bronze eingefaßt

Und lastend waren Katarakte
Die wie Portieren von Kristall
Weit überhängend schimmernd
nackte
Gemäuer drückten von Metall.

Und keine Bäume – Kolonnaden
Die um den Schlaf der Teiche
standen
Wo sich gigantische Najaden
Wie Frauen abgespiegelt fanden

Es dehnten blauende Kanale
In rosa und in grünen Quadern
Durch meilenweite Areale
Zum Weltenende ihre Adern

Man sah Gestein das nie erhört
Und Fluten die gebannt; es fin-
gen
Sie Spiegelfluchten die betört
Von all dem Glänze übergingen.

Insouciants et taciturnes,
Des Ganges, dans le firmament,
Versaient le trésor de leurs ur-
nes
Dans des gouffres de diamant.

Architecte de mes féeries,
Je faisais, à ma volonté,
Sous un tunnel de pierreries
Passer un océan dompté;

Et tout, même la couleur noire,
Semblait fourbi, clair, irisé;
Le liquide enchâssait sa gloire
Dans le rayon cristallisé.

Nul astre d'ailleurs, nuls vesti-
ges
De soleil, même au bas du ciel,
Pour illuminer ces prodiges,
Qui brillaient d'un feu person-
nel!

Et sur ces mouvantes merveilles
Planait (terrible nouveauté!
Tout pour l'œil, rien pour les
oreilles!)
Un silence d'éternité.

Es glitten tonlos und gemessen
In Strömen – jeder war ein Gan-
ges –
Vom Himmel Schätze aus Gefä-
ßen
In Grüfte diamantnen Hanges.

Ich Bauherr meiner Augenwei-
den
Entließ auf eigenes Begehr
Durch ein Gewölbe von Ge-
schmeiden
Gebändigt ein ebbend Meer

Und alles selbst das Schwarze
deuchte
Mich spiegelklar poliert zu sein
Es fügt ihr Blendendes die
Feuchte
Rings in kristallne Rahmen ein.

Kein Stern – und selbst die tiefs-
ten Sphären
Des Himmels ohne Sonnenlicht
Um jene Wunder zu verklären
Aus denen eignes Feuer bricht.

Und über dem lebendigen Flor
Verstrich (o neustes Leid
Den Augen alles nichts dem
Ohr)
Ein Schweigen der Ewigkeit.

II

II

En rouvrant mes yeux pleins de
flamme
J'ai vu l'horreur de mon taudis,
Et senti, rentrant dans mon âme,
La pointe des soucis maudits;

Dann bot sich meinen Augen
hier
Das Elend aller meiner Morgen
Und wieder tastete nach mir
Die Sonde der verfluchten Sor-
gen

La pendule aux accents funèbres
Sonnait brutalement midi,
Et le ciel versait des ténèbres
Sur le triste monde engourdi.

Die Wanduhr schlug verrufen
Zu Mittag daß es gellt
Und der Himmel goß Nebelku-
fen
Auf diese schläfrige Welt.

Le Crépuscule du matin

Das Morgengrauen

La diane chantait dans les cours
des casernes,
Et le vent du matin soufflait sur
les lanternes.

Das Wecken blies im Hofe der
Kasernen
Und Wind der Frühe strich ent-
lang an den Laternen.

C'était l'heure où l'essaim des
rêves malfaisants
Tord sur leurs oreillers les bruns
adolescents;
Où, comme un œil sanglant qui
palpite et qui bouge,
La lampe sur le jour fait une
tache rouge;
Où l'âme, sous le poids du corps
revêche et lourd,
Imite les combats de la lampe et
du jour.
Comme un visage en pleurs que
les brises essuient,
L'air est plein du frisson des

Es war die Stunde wo sich unter
Träumen
Im Bett die braunen Knabenlei-
ber bäumen
Wo wie ein blutend Aug das
zittert und das zuckt
Die Lampe auf den Tag die rote
Lache tupft
Und wo die Seele in des sprö-
den Leibes Schwergewicht
Zum zweitenmal den Kampf
von Tag und Lampe ficht.
Wie Wangen denen Wind die
Tränen nimmt
Erschauerte die Luft vom Leben

choses qui s'enfuient,
Et l'homme est las d'écrire et la
femme d'aimer.

Les maisons ça et là commençai-
ent à fumer.
Les femmes de plaisir, la paupi-
ère livide,
Bouche ouverte, dormaient de
leur sommeil stupide;
Les pauvresses, traînant leurs
seins maigres et froids,
Soufflaient sur leurs tisons et
soufflaient sur leurs doigts.
C'était l'heure où parmi le froid
et la lésine
S'aggravent les douleurs des
femmes en gésine;
Comme un sanglot coupé par
un sang écumeux
Le chant du coq au loin dé-
chirait l'air brumeux;
Une mer de brouillards baignait
les édifices,
Et les agonisants dans le fond
des hospices
Poussaient leur dernier râle en
hoquets inégaux.
Les débauchés rentraient, brisés
par leurs travaux.

L'aurore grelottante en robe rose
et verte
S'avançait lentement sur la Seine
déserte,
Et le sombre Paris, en se frottant
les yeux,
Empoignait ses outils, vieillard

das verschwimmt
Vom Schreiben ist der Mann,
die Frau vom Lieben matt.

Rauch kam aus manchen Häu-
sern in der Stadt.
Die Dirnen lagen, farblos ihre
Lider
Ihr Mund geöffnet, stumpf im
Schlaf darnieder
In Lumpen schlichen Weiber die
verbrauchten
Die bald ihr Feuerchen bald ihre
Hand behauchten.
Es war die Stunde wo in Frost
und in Entbehren
Die Wehen Schwangerer gestei-
gert wiederkehren;
So wie ein Schluchzen stirbt am
Blutsturz aus den Lungen
Kam durch die Nebelwand der
Hahnenschrei gedrungen
Ein Dunstmeer übergoß die
Bauten und die Mäler
Und die Verscheidenden im
Schoß der Hospitäler
Verröchelten in Stößen unter
Pfeifen.
Lüstlinge sah erschöpft man
heimwärts streifen.

Ganz langsam zog in rosiggrü-
nem Flore
Am Seinequai herauf die frie-
rende Aurore
Und mürrisch nahm Paris das
sich dem Schlaf entwand
In seiner Fron ergraut das

laborieux.   Werkzeug in die Hand.

Übertragungen aus anderen Teilen der »Fleurs du mal«

An den Leser

Dummheit Verirrung Sündenstand und Borgen
Befängt uns geistig und verzehrt den Leib
Und Reue nähren wir zum Zeitvertreib
Wie Bettler schmausend ihr Geschmeiß versorgen.

So starr die Sünden sind so matt die Bußgewalten;
Sehr reich bezahlt sich unser Eingestehn
Und leicht läßt sich der Kotpfad wieder gehn
Wenn wir uns greinend für gesäubert halten.

Der sanft im Kissen böser Lust geschaukelt
Uns Selige – Satan Trismegistos
Hat bis des Wollens edles Erz zerfloß
Uns Alchimistenkünste vorgegaukelt.

Gehn wir so hat der Teufel uns am Faden.
Begier nach Ekelhaftem nimmt uns mit;
Alltäglich führt uns höllenwärts ein Schritt
Gleichmütige, in pesterfüllte Schwaden.

Wie ein verarmter Wüstling unter Bissen
Die wehe Brust der alten Dirne sucht
Entwenden wir ein Glück – die schale Frucht
Die wir recht gründlich auszupressen wissen.

Mit unserm Bregen mästen wir, umschlungen
Wie Maden, ein Dämonenaufgebot
Und wenn wir Atem holen stürzt der Tod
Unsichtbar strömend dumpf in unsre Lungen.

Wenn Notzucht Gift und Brände bis zur Stunde
Uns allen als der angenehmste Rand

Im Webgrund trister Jahre unbekannt
So ists nur Mangel an Entschluß im Grunde.

Doch unterm Auswurf: Panthern Skorpionen
Schakalen Geiern Hündinnen und Nattern
Die kreischend heulend kletternd hinter Gattern
Im eklen Zwinger unsrer Laster wohnen

Bleibt ein gemeinstes ärgstes zu erwähnen!
Wenn es auch nicht auf Lärm und Mimik hält
Wünscht es den Erdball sich als Trümmerfeld
Und gern verschläng es eine Welt im Gähnen;

Der Spleen! – Er raucht die Pfeife, tränend zählt er
Schafott und Galgen in der Phantasie
Mein Freund, du kennst das diffizile Vieh
Freund – Hypokrit – mein Leser – mein Erwählter!

Die kranke Muse

Sag arme Muse was heut nacht dir war
In deinen Blick hat sich ein Spuk gesenkt
Auf deinen Wangen werde ich gewahr
Wie Wahn und Angst einander stumm verdrängt

Grünlicher Succubus und blasser Mahr
Ward dir aus deren Krügen eingeschenkt
Nahm dich zum Spiel ein herrischer Alb beim Haar
Hat in Minturnäs Öden dich ertränkt

Dein Busen sollte duftend wie das Leben
Guten Gedanken nur die Ruhstatt geben
Und deines christlich Blutes Strömen wollt ich hören

Ganz wie den Silbenstrom in den antiken Chören
In welchen herrscht von dem sie singen lernten
Apoll und mit ihm Pan der Herr der Ernten.

Die Riesin

Als noch Natur im mächtigen Vermögen
Geschwängert täglich Ungeheuer wiegte
Bei junger Riesin hätt ich wohnen mögen
Wie um der Fürstin Fuß die Katze schmiegte

Ich hätte Leib erblühen sehn bei Seele
Aufschießen frei in schreckenvollen Spielen
Erriet ob böse Glut ihr Herz verhehle
Weil feuchte Nebel ihr im Auge sielen

Schweif nach Gefallen im gewaltgen Schoß
Erklomm den Abfall ihrer Kniee groß
Und sommers oft wenn schlimm im Sonnenglast

Matt sie im Lande quer sich dehnen mag
Halt in der Brüste Schatten schläfrig Rast
Also ein Weiler still am Bergrand lag.

Totenreue

Wenn du entschlafen bist o Haupt voll Gram
Ausruhest unterm Stein von schwarzem Glimmer
Zum Bette dir verblieb und schmalen Zimmer
Die Gruft um die nur Regenrauschen kam

Beschwert der Stein den Busen voller Scham
Den matten Schoß in der Vergängnis Schimmer
Des Herzens Schlag und Drang verwehrt auf immer
Um Abenteuer ward dein Jagen lahm

Dann spricht das Grab aus meinem tiefen Leid
(Denn Dichtersprache sprechen Grabesgründe)
In langer Nächte schlummerloser Zeit

Was soll nun scheue Priesterin der Sünde
Daß du nicht wußtest um der Toten Klagen
Wie Reue wird der Wurm dein Herz benagen

Geistige Morgenröte

Wenn über Prassern weiß und goldnes Tagen
Gedenken trägt in Händen der Idee
Erweckt geheim ein rächerisches Weh
Des Engels Aug im Tiere aufgeschlagen

Der Geisterfüllten Himmel fernster Schein
Beruft den Menschen den der Alb noch drücket
Wie Abgrunds Licht den Stürzenden beglücket
So teure Göttin Wesen keusch und rein

Auf rauchgem Rest der Schwelgerei die lüstert
Gedenken dein viel rosiger und schöner
Schwebt über meinen Blicken als Bekröner

Die Sonne hat der Kerzen Schein verdüstert
So willst du Siegende den Schimmer erben
Atmende Seel der Sonne ohne Sterben.

Unterhaltung

Herbsthimmel bist du rosa und klar verbrämt
Doch aufsteigt Traurigkeit mir wie Meer im Innern
Und läßt verebbend zurück meinen Lippen vergrämt
Von bitterm Schlamm so kochendes Erinnern

Umsonst berührst du meine vergehende Brust
Dein Finger Freundin streift auf verwüsteten Straßen
Von Klauen verheert und vom Zahne der Weibeslust
Suche mein Herz nicht mehr das die Tiere fraßen

Mein Herz das Schloß durchwühlet von Pöbelhänden
Voll Unzucht Mordtat steht und des Streites Schrille
O Duft den deine nackten Brüste mir spenden

Dies Schönheit ist – du Geißel der Seelen dein Wille
An deinen Augen Gluten der Feste die thronten
Die Lumpen verbrenne du so die Tiere verschonten.

Herbstgesang

I

Bald werden wir in kalte Nebel fahren
Erlisch lebendges Licht in unsern Hallen
Schon hör ich überall in dumpfen Scharen
Die Scheiter in die breiten Höfe fallen

Ganz wird der Winter meinen Sinn bedecken
Mit Haß und Schauder Zorn und arger Not
Und wie die Sonne in der Pole Schrecken
Erstarrt mein Herz zum Block von eisigem Rot

Mit Frösteln hör ich fallen jeden Ast
Nicht dumpfer tönt die Richtstatt die man baut
Mein Geist fällt wie der Wartturm vor der Last
Des Widderstoßes der ihn täglich haut

Mir aber ist gewiegt wie im Geläute
Man nagelt einen Sarg im Erdenschoß
Für wen? War gestern Sommer Herbst ist heute
Dies trübe Raunen klingt wie Aufbruch groß.

II

Wie ist deiner Augen grünlicher Schimmer mir wert
Sanfte Schöne, doch heute brennt alles mich sehr
Und deine Liebe nicht, nicht Gemach oder Herd

Kommen der Sonne mir gleich wenn sie strahlt auf das
Meer.

Dennoch sei du mir Mutter, mein Wesen, sei gut
Bleib es dem Undankbaren, ja bleib es dem Bösen;
Schwesterlich oder entbrannt, sei die flüchtige Glut
In die Herbst und sinkende Sonne sich lösen.

Nicht auf lange! Das Grab steht wartend bereit
Nimm meine Stirn, überlaß mich zu deinen Füßen
Trauervoll denkend der weißen der sengenden Zeit
Nun dem Strahle des Spätjahrs, dem gelben und süßen!

Einer Madonna

Ex-voto im spanischen Sinne

Gewähre daß ich dir Madonna meiner Fraue
In Krypten meiner Qual den Hochaltar erbaue
Und gründe wo zutiefst mein finstres Herze wüst
Fern von frivolem Blick und weltlichem Gelüst
Die Wölbung welche ganz von Himmelblau und Golde
In der du thronen sollst Gewaltige und Holde.
Von lauterem Metall sind Verse mein Geflecht
Das ich mit Reimen von Kristalle kunstgerecht
Zu deines Hauptes großer Krone vorbereite;
Und dann trägt meine Brunst, du tödlich Benedeite
Für den barbarischen und schweren Umhang Acht
Darinnen dich umstarrt ein Futter von Verdacht;
In ihm soll sich dein Charme als wärs in Schanzen
wähnen;
Nicht Perlen säumen ihn, nein alle meine Tränen!
Und deine Robe sei mein Wunsch der nach dir drängt
Der wogende, mein Wunsch, der schwillt und der sich
senkt
Der sich auf Gipfeln wiegt und in den Tälern rastet
Und kosend all dein Weiß und Rosenrot betastet.
Ich mach dir schöne Schuh aus meiner Devotion

Von Seide, die dein Fuß erniedriget zum Lohn
Den haben sie gemach in ihren Druck geschlossen
Und wahren treu sein Bild als wär es abgegossen.
Und ist all meine Kunst und Mühe nicht im Fall
Dir einen Silbermond zu leihn zum Piedestal
So sei die Schlange die mein Innres beißend ätzet
Dir, Triumphierende, zum Thronstieg vorgesetzet
Das Ungeheuer dir, Erlöserin, auf daß
Geschmäht und abgetan sein Geifern und sein Haß.
Sieh an mein geistig Werk das ich wie Kerzen stelle
In der erlauchten Magd bekränzte Weihkapelle
Wie rings sein Widerschein bestirnt der Wölbung Blau
Erglühet dir allein die Lohe seiner Schau;
Und weil in mir für dich nur Minnen und Verehren
Werd ich mich ganz in Myrrhn Benzoe und Weihrauch
kehren;
Zu deinem Gipfel drängt, der strahlend und vereist
In Schwaden rastlos und gewitterschwer mein Geist.

Zuletzt, auf daß du ganz vollendet gleichst Marien
Und Grausamkeit in mir der Liebe gleich gediehen
Mach ich in Henkersbrunst doch voll Gewissensqual
Der Dolche sieben aus der Sünden Siebenzahl
Die reih ich teilnahmlos, nicht anders als jonglierend
Und deiner Liebe in ihr Innerstes visierend
Heft ich sie alle in dein Herze welches klopft
In dein Herz welches schluchzt in dein Herz welches
tropft.

Sisina

Dianen denkt im Prängen schimmervoll
Durchstürmend Wälder spürt in Büschen krachend
Windwärts Gelock und Brust vom Toben toll
Hoffärtig und der besten Herren lachend

Saht ihr Terogen die Schlachten liebt im Groll
Zum Aufruhr den barfüßigen Pöbel fachend

Wang Aug im Feuer während Tod ihr scholl
Rasenden Schwertstiegs Königstreppen dachend

Seht so Sisina doch die sanfte Wilde
Eint mörderischem Mut so süße Milde
Ihr Sinn verstört von Dampf und Trommelschlägen

Tief senkt vor Flehenden das gewöhnte Schwert
Und ihr Herz wüst von Flammen in den Gehegen
Tränenquellen birgt jenem der Tränen wert.

Der Geist

Wie die Engel mit Augen fahl
Wo du schlummerst kehr ich zum Saal
Und will dir zur Seite sacht
Gleiten mit den Schatten der Nacht
Und dir werd ich du dunkle Blonde
Küsse geben kalt wie vom Monde
Und dazu Gestreichel von Schlangen
So um eine Grube rangen

Naht der Morgen im Erblinden
Mich am Ort wirst du nicht finden
Frost wird dort bis Abend hausen

Wie die andern mit der Zärte
Über deine junge Fährte
Herrschen will ich durch das Grausen.

Die Katzen

Geliebte voller Gluten und die strengen
Die Denker lieben in den reifen Stunden
Der prunken Katzen hochmutvolle Runden
Die fröstelnd so wie sie am Hause hängen

Der Weisheit freund und freund den großen Lüsten
Die Stille suchen sie und grauses Dämmern
Es hätte Erebos zu finstern Rennern
Erwählt die Stolzen wenn von Dienst sie wüßten

Im Sinnen wählen sie die edlen Lagen
Von Sphinxen die gestreckt im Öden ragen
Als hätte sie ein Traum in Schlaf gebannt

Von magischen Funken strotzen ihre Seiten
Und Zellen Goldes wie ein feiner Sand
In ihren runden Augen heimlich gleiten.

Frohsinn des Toten

In fettem Erdreich das voll Schnecken steckt
Will ich mir selbst die tiefe Gruft bestellen
Wo ich den Schlaf der meine Knochen streckt
Im Nichtsein schlummre wie ein Hai in Wellen.

Ich hab nicht Grab noch Erbschrift im Respekt;
Eh ich besorgte daß mir Tränen quellen
Lud ich noch heute wenn ich einst verreckt
Die Raben meinem Aas sich zu gesellen.

O Würmer! augenlose schwarze Freunde ihr
Euch naht ein Toter leicht und froh in mir;
Bedachte Schlemmer, Söhne der Zersetzung

Durchquert mein Haus von Skrupeln unbedroht
Und sagt mir ob noch fernerhin Verletzung
An den Kadaver rührt der nun mit Toten tot.

Die Wanduhr

O Wanduhr! finstres Numen du und ungerührtes
Dein Finger weist auf uns und sagt: »Erinnre dich!

Nicht lange und dein Herz erkennt mit jedem Stich
Der Schmerzen sich als Ziel und jeden Pfeil verspürt es;

Und dann verziehet Lust – ein Rauch am Himmelsrand
(Die Sylphe flüchtet so ins Dunkel der Kulisse)
Jedwedem schmälert Zeit mit einem jeden Bisse
Den Bruchteil vom Genuß den Gott ihm zugestand.

Es zischt dreitausendundsechshundertmal von droben:
Erinnre dich! die Stunde. – Eh du's meinst
Zirpt Gegenwart wie ein Insekt: Ich bin das Einst
Und hab mit eklem Rüssel Blut aus dir gehoben.

Remember! denk's! zuviel! esto memor!
(Denn mein metallner Mund ertönt in allen Zungen.)
Wie Stollen, Erdenwurm, in die du eingedrungen
Sind die Minuten. Hol das Gold daraus hervor!

Erinnre dich daß Zeit im Spiel auf Vorteil sinnet.
Sie macht (und ohne Trug), so gilt es, jeden Stich!
Es sinkt der Tag; die Nacht wächst an; erinnre dich!
Den Abgrund dürstet stets; die Wasseruhr verrinnet.

Bald schlägt die Stunde wo das Glück, dein hoher Gast
Wo Tugend, dein Gemahl, des Bett du niemals teiltest
Wo Reue (das Asyl das du zuletzt ereiltest)
Dir zuruft: Greiser Fant! nun stirb! es ist verpaßt!«

Der Wein des Einsamen

Der sehr verschwiegne Blick der Kurtisane
Der auf uns gleitet gleichend dem Erblassen
Lüsternen Monds im welligen See gelassen
Die Schöne badend ganz von Scham enttane

In Spielers Hand der letzte Louisdor
Ein frecher Kuß der schmächtigen Adele

Musik die träge schläferte die Seele
Gleich fernem Menschenschmerz aufschreit zum Ohr

Erkaufet doch nicht dich o Flasche räumig
Voll strengen Balsams so im Bauche schäumig
Wahrst welkem Herz des kindlichen Poeten

Einschenkest du ihm Hoffnung Leben Jugend
Und Hochmut den Schatz und die Bettlertugend
Die uns groß macht gleich Göttern zu denen wir beten.

Die Zerstörung

Ohn Ruh noch Rast der Dämon mich berennt
Er schwimmt um mich gleich leerem Hauch abgründig
Ich saug ihn ein der meine Lungen brennt
Füllt sie mit Sehnen ewiglich und sündig

Bisweilen wählt kund großer Lieb zur Kunst
Er die verführerischste Form der Frauen
Und unter Sprüchen liebt scheinheilger Gunst
Gemeine Tränke meinem Mund zu brauen

Er führt mich so weitab vom Aug des Herrn
Den Stöhnenden vom Schlaf Zerbrochnen fern
Zum Anger Langerweil öd und geheim

Und wirft in meine Augen voll Betörung
Befleckt Gewande offner Wunden Schleim
Und blutenden den Schemen der Zerstörung.

Die barmherzigen Schwestern

Wollust und Tod das sind zwei Mädchen fein
Mit Küssen schwellend reicher Säfte mächtig
Den keuschen Schoß in Lumpen hüllen ein
Der ward in ewgen Wehen niemals trächtig

Dem Dichter feind dem Haus im Traurigsein
Günstling der Höllen armem Höfling schmächtig
Grab und Bordell zeigt ihm im Buchenhain
Ein Bett drin wühlte nie Gewissen nächtig

Und Sarg und Lager geil bei Fluch und Schwarm
Uns reichen wechselnd wie barmherzge Schwestern
Gräßlicher Süße und Genüsse Lästern

Wann scharrt mich Wollust ein dein pestiger Arm
O Tod wann du in gleicher Reize Gürten
Zypressen schwarz pfropfst über faule Myrten?

Der Tod der Liebenden

Es werden tief im Dufte stehn die Betten
Divane wo wir wie in Gräbern wohnen
Und seltne Blumen auf erhöhten Stätten
Für uns erschlossne unter schönen Zonen

Zur Lust verleuchtend ihre Glut die letzte
Zwei Herzen werden große Feuer sein
In deren Glut gedoppelt sich benetzte
Der Zwillingsspiegel Geist im Widerschein

Ein Abend Rosa baut und heimlich Blauen
Wir werden tauschen jenes helle Schauen
Wie letztes Schluchzen das den Abschied beut

Später ein Engel in der Türen Spalten
Eintreten wird belebt treu und erfreut
Spiegel so blind und Flammen die erkalten.

Die Reise

III

Erstaunliche die fahren welche Mären
Erlest ihr in der Augen tiefem See
Reicht Schätze uns Gedächtnis zu gewähren
Blendenden Stein aus Sternen Luft und Schnee

Wir wollen sonder Dampf und Segel ziehen
Laßt nur erfragen die zur Kammer kamen
Auf unser Herz wie weißes Tuch gediehen
Erinnerung in der Horizonte Rahmen

Was saht ihr sagt?

VIII

Tod alter Steurer löse das Tau bereit
Dies Land ist Gram o Tod die Anker lichtet
Sind schwarz wie Tinte Meer und die Wolken breit
Besser das Herz kennst du das im Hellen schlichtet

Du schenke uns dein Gift das wohl uns stärke
Wir wollen so sehr brennt im Hirn dies Feuer
Zum Schlund hinab ob Höll ob Himmels Werke
Zum Unbekannten tauchend Neuem neuer.

Der Untergang der romantischen Sonne

Wie schön ist Sonne taucht sie frisch empor
Gleich sprengendem Geschoß zum Morgengruße
O selig wer erfüllt von edler Muße
Begrüßt ihr Sinken in der Träume Chor

Ich weiß noch alles Blumen sah ich Häge
Vor ihrem Blick erbleichen selbst die Quelle
Zum Horizonte läuft's ist spät lauft schnelle
Um noch zu haschen eines Strahles Schräge

Ich folge doch umsonst dem Gott der flieht
Weil unbesiegte Nacht das Reich bezieht
Schwarz feucht verderblich wo die Fröste hecken

Ein Grabesruch schwimmt überm finstern Land
Mein zager Fuß tritt an der Sümpfe Rand
Auf jähe Kröten und auf kalte Schnecken.

Die Stimme

An meine Wiege stieß der Saal mit Bücherbrettern
Das finstere Babylon wo Märe Epopoe
Und Weistum, Latiums Staub und Hellas Schutt in Let-
tern
Vereint. Ich maß damals ein Folio in der Höh.
Zwei Stimmen redeten mich an. Von einer leisen
Sehr sichern kams: »Ein süßer Kuchen ist die Welt;
Ich könnte (und dann ist dein Glück enorm zu preisen)
Tun, daß Begehrlichkeit von gleichem Maß dich
schwellt.«
Die andre aber: »Folg o folg mir in die Lande
Des Traums, des Unerhörten, ja der Unnatur!«
Und diese sang so wie der Seewind überm Strande
Ein irrendes Phantom, wer weiß woher es fuhr;
Wohl schmeichelt es dem Ohr, doch Zittern machts im
Grunde.
Dir rief ich zu: »Ja süße Stimme!« So beschwor
Ich was an mir ihr nennen möget meine Wunde
Und meinen bösen Stern. Denn hinter dem Dekor
Der Existenz, zutiefst im unermessnen Grabe
Zeigt mir das fremdeste der Weltsysteme sich;
Nun zieh ich Opfer meiner eignen Sehergabe
Ein Schlangenknäuel mit und fühle Stich auf Stich.
Und es geschah seitdem daß so wie die Propheten
Weltmeer und Wüste innig ich geliebt
Und muß zur Feier trüb zum Lachen trauernd treten
Und daß der herbste Wein für mich noch Süße gibt;
Daß oft als Lüge mir erscheinen will das Neue
Und daß ich strauchle, weilt mein Blick am Firmament.

Doch tröstend sagt die Stimme: »Halt dem Wahn die
Treue
Hast du doch Träume wie der Kluge sie nicht kennt!«

Trauriges Madrigal

I

Was kann mir gelten deine Heiterkeit
Schön und betrübt sei du den Wangen
Sind zarte Tränen ein Geschmeid
So wie ein Strom dem Lande breit
Nach Wettern sieht man Blumen prangen

Ich liebe dich will Heiterkeit verhauchen
Auf deiner Stirne die zur Qual erlesen
Dein Herz sich ewig in Entsetzen tauchen
Und über deine Gegenwart sich bauchen
Die grause Wolke des »Gewesen«

Ich liebe dich wenn nie der Strom versiegt
Aus deinem großen Auge heiß wie Blut
Und wie auch meine Hand dich wiegt
Die schwere Bängnis dir obsiegt
Aufstöhnt wie Todeswut

Ich schlürfe wie gewaltige Lüste
Dich große Hymne die erfreut
Die Seufzer alle deiner Brüste
Weiß daß dein Herz erstrahlen müßte
Von Perlen die dein Auge streut(Der Mahner)

Der Mann der wert ist es zu sein
Hat eine gelbe Natter wohnen
Im Herzen; dort weiß er sie thronen;
Auf sein »Ich will!« verfügt sie: »Nein!«

Senk deine Blicke in die graden
Der Satyrfraun und der Najaden
Der Zahn sagt: »Was hast du vollbracht?«

Erzeug dir Kinder, setze Pflanzen
Behau den Marmor, feile Stanzen
Der Zahn: »Erlebst du noch die Nacht?«

Was er auch plant, wonach er bange
Ihm flieht kein Augenblick so schnell
Es ist mit ihrem Spruch zur Stell
Und mahnt ihn die verhaßte Schlange.

Der Rebell

Ein Engel bricht im Zorn auf ihn herein
Ins Haar des Zweiflers fährt er lichterloh
Und schüttelt ihn: Du wirst gehorsam sein
Denn ich bin dein Patron: ich will es so

Dir obliegt Liebe ohne Mienenzerren
Zu Armen Schlechten Krüppeln Idioten
Daß wenn er nahet Jesus deinem Herren
Sei deines Mitleids Teppich dargeboten

Liebe ist dies Eh du verfällst inwendig
Mach dich an Gottes Glorie neu lebendig
Das ist der Lust beständiges Gesicht

Der Engel züchtigt wie er liebt im treusten
Und zwingt den Rebell mit Riesenfäusten
Doch stets spricht der Verdammte: ich will nicht.

Vorbereitung

Gemach mein Schmerz und rege du dich minder
Der Abend den du anriefst sinkt und glückt

Dunkelheit umhüllet die Stadt gelinder
Die jenen friedlich macht und den bedrückt

Und wenn der taube Schwarm der Menschenkinder
Daß er sich Reu in seinen Freuden pflückt
Von Lust gepeitscht wird seinem argen Schinder
Gib mir die Hand mein Schmerz laß uns entrückt

Gewahren wie sich von Altanen droben
Die alten Jahre neigen in den Roben
Wie lächelnder Verzicht sich aufhebt aus der Flut

Die Sonne durch den Brückenbogen gleitet
Und wie ein Leichentuch das überm Osten ruht
Vernimm vernimm sie doch die süße Nacht die schrei-
tet

 tredition®

Über tredition

Eigenes Buch veröffentlichen

tredition wurde 2006 in Hamburg gegründet und hat seither mehrere tausend Buchtitel veröffentlicht. Autoren veröffentlichen in wenigen leichten Schritten gedruckte Bücher, e-Books und audio-Books. tredition hat das Ziel, die beste und fairste Veröffentlichungsmöglichkeit für Autoren zu bieten.

tredition wurde mit der Erkenntnis gegründet, dass nur etwa jedes 200. bei Verlagen eingereichte Manuskript veröffentlicht wird. Dabei hat jedes Buch seinen Markt, also seine Leser. tredition sorgt dafür, dass für jedes Buch die Leserschaft auch erreicht wird.

Im einzigartigen Literatur-Netzwerk von tredition bieten zahlreiche Literatur-Partner (das sind Lektoren, Übersetzer, Hörbuchsprecher und Illustratoren) ihre Dienstleistung an, um Manuskripte zu verbessern oder die Vielfalt zu erhöhen. Autoren vereinbaren direkt mit den Literatur-Partnern die Konditionen ihrer Zusammenarbeit und partizipieren gemeinsam am Erfolg des Buches.

Das gesamte Verlagsprogramm von tredition ist bei allen stationären Buchhandlungen und Online-Buchhändlern wie z. B. Amazon erhältlich. e-Books stehen bei den führenden Online-Portalen (z. B. iBookstore von Apple oder Kindle von Amazon) zum Verkauf.

Einfach leicht ein Buch veröffentlichen: **www.tredition.de**

Eigene Buchreihe oder eigenen Verlag gründen

Seit 2009 bietet tredition sein Verlagskonzept auch als sogenanntes "White-Label" an. Das bedeutet, dass andere Unternehmen, Institutionen und Personen risikofrei und unkompliziert selbst zum Herausgeber von Büchern und Buchreihen unter eigener Marke werden können. tredition übernimmt dabei das komplette Herstellungs- und Distributionsrisiko.

Zahlreiche Zeitschriften-, Zeitungs- und Buchverlage, Universitäten, Forschungseinrichtungen u.v.m. nutzen diese Dienstleistung von tredition, um unter eigener Marke ohne Risiko Bücher zu verlegen.

Alle Informationen im Internet: **www.tredition.de/fuer-verlage**

tredition wurde mit mehreren Innovationspreisen ausgezeichnet, u. a. mit dem Webfuture Award und dem Innovationspreis der Buch Digitale.

tredition ist Mitglied im Börsenverein des Deutschen Buchhandels.

Dieses Werk elektronisch lesen

Dieses Werk ist Teil der Gutenberg-DE Edition DVD. Diese enthält das komplette Archiv des Projekt Gutenberg-DE. Die DVD ist im Internet erhältlich auf **http://gutenbergshop.abc.de**

MIX

Papier | Fördert
gute Waldnutzung

FSC® C083411

Zeitfracht Medien GmbH
Ferdinand-Jühlke-Straße 7
99095 Erfurt, Deutschland
produktsicherheit@kolibri360.de